"十三五"国家重点出版物出版规划项目
体系工程与装备论证系列丛书

Creating Rational Organizations
Theory of Enterprise Command and Control

组织指挥与控制理论

[美] Jay S. Bayne 著

李志飞 何 华 王维平 周 鑫 王 涛 译

电子工业出版社
Publishing House of Electronics Industry
北京·BEIJING

内 容 简 介

本书翻译自美国加州大学圣塔芭芭拉分校电子工程与计算机科学系贝恩博士的著作。指挥与控制是体系作战中非常重要的环节。组织指挥与控制理论通过引入价值生产单元的概念，运用系统科学的方法解决指挥与控制的协同问题，它将体系的组织编制并分成多个组织单元，每个组织单元就是一个基本的功能模块，分别由一条功能链和一条指挥链交叉形成。该理论已经成功应用于商业企业、政府机构和美国国防部门。本书详细介绍了组织指挥与控制理论产生的背景、应用特点，以及组织控制、组织指挥、性能测度、指挥与控制的应用流程、协议标准和资源管理等方面的内容。

本书可为装备论证部门和国防工业总体部门开展体系指挥与控制架构设计和研究工作提供有益借鉴，同时也可以作为指挥与控制系统设计、智慧组织设计等方面教学实践的参考书。

Original English language edition copyright © 2009 by Jay S. Bayne.

Chinese language edition copyright © 2021 by Publishing House of Electronics Industry Co.,Ltd .

All rights reserved.

No part of this book may be reproduced or transmitted in any form or by any means, electronic or mechanical, including photocopying, recording or by any information storage retrieval system, without permission in writing from Jay S. Bayne.

本书中文简体中文字版专有翻译出版权由美国 Jay S. Bayne 授予电子工业出版社。未经许可，不得以任何手段和形式复制或抄袭本书内容。

版权贸易合同登记号　图字：01-2020-3511

图书在版编目（CIP）数据

组织指挥与控制理论 /（美）杰伊·S.贝恩（Jay S. Bayne）著；李志飞等译.—北京：电子工业出版社，2021.8

（体系工程与装备论证系列丛书）

书名原文：Creating Rational Organizations -Theory of Enterprise Command and Control

ISBN 978-7-121-41755-9

Ⅰ.①组… Ⅱ.①杰… ②李… Ⅲ.①组织－指挥控制－研究 Ⅳ.①E141.1

中国版本图书馆 CIP 数据核字（2021）第 174187 号

责任编辑：陈韦凯　　文字编辑：刘家彤
印　　刷：北京虎彩文化传播有限公司
装　　订：北京虎彩文化传播有限公司
出版发行：电子工业出版社
　　　　　北京市海淀区万寿路 173 信箱　邮编 100036
开　　本：720×1 000　1/16　印张：10.25　字数：230 千字
版　　次：2021 年 8 月第 1 版
印　　次：2024 年 4 月第 3 次印刷
定　　价：89.00 元

凡所购买电子工业出版社图书有缺损问题，请向购买书店调换。若书店售缺，请与本社发行部联系，联系及邮购电话：(010) 88254888，88258888。

质量投诉请发邮件至 zlts@phei.com.cn，盗版侵权举报请发邮件至 dbqq@phei.com.cn。

本书咨询联系方式：chenwk@phei.com.cn，(010) 88254441。

注 意

本书（英文原版）为元指挥系统公司[①]版权所有。元指挥系统公司保留所有权利，拥有所有著作的版权。未经作者明确书面许可，不得以任何手段复制本手册。

本书（英文原版）由元指挥系统公司于 2006 年出版。

本书（英文原版）由美国 Café Press 印刷。

ISBN10: 0-9788596-0-X

ISBN13: 978-0-9788596-0-2

书中介绍的许多概念，特别是第 3~8 章中的概念，是 US10/678,297 和 US11/149,965 申请专利的主要内容，包括价值生产单元（VPU）结构与功能的概念基础、关键要素、指挥结构、控制处理服务和性能测度服务。

免责声明

文中所表达或隐含的观点和建议仅代表作者自身，不代表美国国防部[②]或任何其他美国政府机构的意见。

[①] 译者注：元指挥系统公司（Meta Command Systems, Inc.）是本书作者 Jay S. Bayne 创建的公司。

[②] 译者注：本书中提及的机构和政府部门都是指美国的机构和政府部门。

声 明

本书献给我的妻子卡罗尔,她的爱和精神激励鼓舞着我所做的一切;还有我们的女儿艾莉森,是她证明了爱可以创造美丽、优雅和智慧。

感 谢

负责网络与信息集成的助理美国国防部长办公室指挥与控制策略部门主任(OSD/NII)唐纳德·迪格斯(Donald Diggs)先生认为,需要一种新的指挥与控制理论,并于2005年年末作为主要发起人委托撰写本书。约翰斯·霍普金斯大学应用物理实验室的Timothy Frey先生和Steven Forsythe博士,以及MITRE公司的Carl Prantl先生审阅了早期草稿并提供了宝贵的意见和建议。美国国防部网络和信息集成部门的同事兼朋友Raymond Paul博士合作撰写了两篇与策略有关的论文,其中包含了本书中提到的相关材料内容。纽约罗马空军研究实验室高性能计算中心主任弗吉尼亚·罗斯女士根据合同(合同编号为:FA3060-03-C-0154和FA8750-04-0084)提供了相应的财政支持,用于支持实时的基于网格指挥与控制技术的可行性研究。与时间效用函数和效用权责制调度(TUF/UA)相关的理论和技术源于位于马萨诸塞州贝德福德的MITRE公司的顾问科学家E.道格拉斯·詹森博士持续进行的工作。感谢他们的重要贡献。任何错误或遗漏都由作者自己承担。

体系工程与装备论证系列丛书
编 委 会

主　编　王维平　（国防科技大学）

副主编　游光荣　（军事科学院）

　　　　郭齐胜　（陆军装甲兵学院）

编委会成员（按拼音排序）

　　　陈春良　樊延平　荆　涛　雷永林　李　群

　　　李小波　李志飞　刘正敏　穆　歌　王　涛

　　　王铁宁　王延章　熊　伟　杨　峰　杨宇彬

　　　张东俊　朱一凡

体系工程与装备论证系列丛书
总　　序

1990年，我国著名科学家和系统工程创始人钱学森先生发表了《一个科学新领域——开放的复杂巨系统及其方法论》一文。他认为，复杂系统组分数量众多，使得系统的整体行为相对于简单系统来说可能涌现出显著不同的性质。如果系统的组分种类繁多，具有层次结构，并且它们之间的关联方式又很复杂，就成为复杂巨系统；再如果复杂巨系统与环境进行物质、能量、信息的交换，接收环境的输入、干扰并向环境提供输出，并且具有主动适应和演化的能力，就要作为开放复杂巨系统对待了。在研究解决开放复杂巨系统问题时，钱学森先生提出了从定性到定量的综合集成方法，这是系统工程思想的重大发展，也可以看作对体系问题的先期探讨。

从系统研究到体系研究涉及很多问题，其中有3个问题应该首先予以回答：一是系统和体系的区别；二是平台化发展和体系化发展的区别；三是系统工程和体系工程的区别。下面先引用国内两位学者的研究成果讨论对前面两个问题的看法，然后再谈谈本人对后面一个问题的看法。

关于系统和体系的区别。有学者认为，体系是由系统组成的，系统是由组元组成的。不是任何系统都是体系，但是只要由两个组元构成且相互之间具有联系就是系统。系统的内涵包括组元、结构、运行、功能、环境，体系的内涵包括目标、能力、标准、服务、数据、信息等。系统最核心的要素是结构，体系最核心的要素是能力。系统的分析从功能开始，体系的分析从目标开始。系统分析的表现形式是多要素分析，体系分析的表现形式是不同角度的视图。对系统发展影响最大的是环境，对体系形成影响最大的是目标要求。系统强调组元的紧密联系，体系强调要素的松散联系。

关于平台化发展和体系化发展的区别。有学者认为，由于先进信息化技术的应用，现代作战模式和战场环境已经发生了根本性转变。受此影响，以美国为首的西方国家在新一代装备发展思路上也发生了根本性转变，逐渐实现了装备发展由平台化向体系化的过渡。1982年6月，在黎巴嫩战争中，以色列和叙利亚在贝卡谷地展开了激烈空战。这次战役的悬殊战果对现代空战战法研究和空战武器装备发展有着多方面的借鉴意义，因为采用任何基于武器平台分析的指标进行衡量，都无法解释如此悬殊的战果。以色列空军各参战装备之间分工明确，形成了协调有效的进攻体系，是取胜的关键。自此以后，空战武器装备对抗由"平台对平台"向"体系对体系"进行转变。同时，一种全新的武器装备发展思路——"武器装备体系化发展思路"逐渐浮出水面。这里需要强调的是，武器装备体系概念并非始于贝卡谷地空战，当各种武器共同出现在同一场战争中执行不同的作战任务时，原始的武器装备体系就已形成，但是这种武器装备体系的形成是被动的；而武器装备体系化发展思路应该是一种以武器装备体系为研究对象和发展目标的武器装备发展思路，是一种现代装备体系建设的主动化发展思路。因此，武器装备体系化发展思路是相对于一直以来武器装备发展主要以装备平台更新为主的发展模式而言的。以空战装备为例，人们常说的三代战斗机、四代战斗机都基于平台化思路的发展和研究模式，是就单一装备的技术水平和作战性能进行评价的。可以说，传统的武器装备平台化发展思路是针对某类型武器平台，通过开发、应用各项新技术，研究制造新型同类产品以期各项性能指标超越过去同类产品的发展模式。而武器装备体系化发展的思路则是通过对未来战场环境和作战任务的分析，并对现有武器装备和相关领域新技术进行梳理，开创性地设计构建在未来一定时间内最易形成战场优势的作战装备体系，并通过对比现有武器装备的优势和缺陷来确定要研发的武器装备和技术。也就是说，其研究的目标不再是基于单一装备更新，而是基于作战任务判断和战法研究的装备体系构建与更新，是将武器装备发展与战法研究充分融合的全新装备发展思路，这也是美军近三十多年装备发展的主要思路。

关于系统工程和体系工程的区别，我感到，系统工程和体系工程之间存在着一种类似"一分为二、合二为一"的关系，具体体现为分析与综合的关系。数学分析中的微分法（分析）和积分法（综合），二者对立统一的关系

是牛顿-莱布尼兹公式,它们构成数学分析中的主脉,解决了变量中的许多问题。系统工程中的"需求工程"(相当于数学分析中的微分法)和"体系工程"(相当于数学分析中的积分法),二者对立统一的关系就是钱学森的"从定性到定量综合集成研讨方法"(相当于数学分析中的牛顿-莱布尼兹公式)。它们构成系统工程中的主脉,解决和正在解决大量巨型复杂开放系统的问题,我们称之为"系统工程Calculus"。

总之,武器装备体系是一类具有典型体系特征的复杂系统,体系研究已经超出了传统系统工程理论和方法的范畴,需要研究和发展体系工程,用来指导体系条件下的武器装备论证。

在系统工程理论方法中,系统被看作具有集中控制、全局可见、有层级结构的整体,而体系是一种松耦合的复杂大系统,已经脱离了原来以紧密层级结构为特征的单一系统框架,表现为一种显著的网状结构。近年来,含有大量无人自主系统的无人作战体系的出现使得体系架构的分布、开放特征愈加明显,正在形成以即联配系、敏捷指控、协同编程为特点的体系架构。以复杂适应网络为理论特征的体系,可以比单纯递阶控制的层级化复杂大系统具有更丰富的功能配系、更复杂的相互关系、更广阔的地理分布和更开放的边界。以往的系统工程方法强调必须明确系统目标和系统边界,但体系论证不再限于刚性的系统目标和边界,而是强调装备体系的能力演化,以及对未来作战样式的适应性。因此,体系条件下装备论证关注的焦点在于作战体系架构对体系作战对抗过程和效能的影响,在于武器装备系统对整个作战体系的影响和贡献率。

回顾40年前,钱学森先生在国内大力倡导和积极践行复杂系统研究,并在国防科学技术大学亲自指导和创建了系统工程与数学系,开办了飞行器系统工程和信息系统工程两个本科专业。面对当前我军武器装备体系发展和建设中的重大军事需求,由国防科学技术大学王维平教授担任主编,集结国内在武器装备体系分析、设计、试验和评估等方面具有理论创新和实践经验的部分专家学者,编写出版了"体系工程与装备论证系列丛书"。该丛书以复杂系统理论和体系思想为指导,紧密结合武器装备论证和体系工程的实践

活动,积极探索研究适合国情、军情的武器装备论证和体系工程方法,为武器装备体系论证、设计和评估提供理论方法和技术支撑,具有重要的理论价值和实践意义。我相信,该丛书的出版将为推动我军体系工程研究、提高我军体系条件下的武器装备论证水平做出重要贡献。

汪 浩

2020.9

译者序

目前国内出版的指挥与控制专业书籍大多集中在两个方面：一方面是针对具体的技术问题，阐释指挥与控制系统的开发和实现问题；另一方面是指挥与控制在具体领域的应用。像本书一样讨论组织指挥与控制底层原理和基本过程的书籍尚不多见，更遑论是否达到本书的论述水准。本书作者 Jay S. Bayne 是元指挥系统公司（前身为埃施朗公司）的创始人和首席执行官。该公司是一个专业的服务和软件开发公司，专注于分布式实时组织指挥与控制（管理）系统研究和开发（2002 年至今）。作者先后开发了许多大型指挥与控制系统，包括飞行、地面和工业过程自动化系统，在指挥与控制理论和实践领域享有很高的声誉。

本书研究的是商业、政府、民用和军事组织指挥与控制的基础理论，主要关注于提高大规模组织内部和组织之间管理的有效性，如美国国土安全部、美国国防部、各军兵种及其相关组织（包括政府和非政府组织），书中给出了大量的研究案例，并对组织控制链和组织指挥链的详细执行情况进行了深入细致的描述，这对于深入了解指挥与控制内在机理有很大的启发和帮助作用。

本书由李志飞、何华、王维平、周鑫、王涛译，李志飞对全书进行了统稿，王维平对全书进行了认真审读和把关。

本书可为装备论证部门和国防工业总体部门开展体系指挥与控制架构设计和研究工作提供有益借鉴，同时也可以作为指挥与控制系统设计、智慧组织设计等方面教学实践的参考书。

译者

2020 年 3 月

前言

建立理性组织机构①及其相应的组织指挥与控制理论，是关于支撑美国联邦组织价值生成有效管理系统的理论。它事关内部进程和外部环境实现和维持的制度自觉，以及通过合作、敏捷和协调行动来发展和维持其关键能力。组织指挥与控制（EC2）还关注理性的（逻辑的、认知的、意志的）人的特权（"指挥官的意图"）和分布式计算系统的集成。这些计算系统的协调一致行动，能够构建和维持可交互的、任意大小的可行②组织。该理论认为，如果没有有效的指挥（决策）和控制（监管）基础设施，实现这种智能组织是不可能的。

这样的基础设施一般位于上层，但是依赖于底层的信息系统，包括组织资源规划（ERP）应用，诸如美国国防部（DOD）全球信息网格（GIG）之类的内联网，以及相应的网络中心组织服务（NCES）和无数的"传统"组织应用系统。从这个意义上说，创建理性组织旨在为开发下一代以网络为中心的组织管理系统提供一个哲学和技术的框架。

---

① 理性组织是对管理能力的合理安排，面对不断变化的态势，能够以一个单元整体的形式进行有效和客观的思考和行动。

② 系统的可行性取决于其自我意识程度及调节其行为并保持维持其价值主张的能力。系统的可行性是衡量其动态稳定性、灵活性、适应性及可持续性的一个指标。

除了哲学层面，我们感兴趣的是组织指挥与控制在支持组织共同行动方面的作用——有目的地进行合作以达成共同的目标。协作需要一些服务的集成，包括（安全）通信、及时有效的信息交换、共享态势感知、策略冲突消解和遵守、能力（资产）共享、联合规划及最终同步执行。有效的组织指挥与控制指的就是这些服务的集成。

因此，本书认为，面向服务的组织指挥与控制系统的定义和发展，需要一个更全面的组织（集体的、联合的）智慧理论，这个理论更多地聚焦于交互式和灵活的管理能力，而不是传统的、特定的社会方法。本书假定，在复杂程度和相互依赖性越来越高的世界中，如果没有更高和更强大的组织自动化和控制形式，现在的政府、商业和民间社会机构将逐渐受到限制。作为回应，组织指挥与控制理论的目标是将组织系统概念、设计和运行的前沿从目前的通信（网络为中心）和信息共享（以数据为中心）转移到能够支持统一的（以服务为中心）操作。

今天，美国国防部和多数政府、商业企业一样，强调通信和数据共享是其信息集成工作的核心。从逻辑上讲，连接任意数量分布式和多样化信息源的能力是必要的，但是作为统一指挥的基础显然是不够的。大量的分散信息源来自多个地理位置，以不同速率涌入并形成不稳定信息，可能会混淆指挥员对特定态势的评估，从而妨碍其行动能力。

此外，信息背景、谱系、时间性、准确性、精确性、语义和一系列其他事项是连接性和数据共享所无法解决的，并且可能导致严重的附加问题。这些事项正好属于最终使用数据的监管过程领域（指挥与控制服务），定义了这些过程在时间和空间上展开实施的背景，以及依赖其运行的组织使命。

简而言之，我们相信通信网络（如 GIG）及其支持大量数据发布和订阅的能力，仅在促使有效和协作指挥与控制中起到支持作用。本书旨在激发（军事和商业组织）机构管理体系的进一步发展，即应重点聚焦于信息在相关利益群体内部和之间同化和有效利用的方式上。这是分布式管理、制度和意识共享领域，以及组织指挥与控制的基本流程，需要更为通用的组织管理理论。

在发展该理论时，需要考虑 21 世纪初军事（包括国土安全）、商业和政府事务演变对当下和未来的要求。与认为军事组织管理（如"边缘组织"和"网络中心战"）正在发生变革的观点相反，我们发现管理需求演变的强有力的证据。这种演变是基于对现实渐进（尽管是加速）步骤的持久需求，以及由技术、策略、理论、经济和政治的持续变化所带来的重要改进。这些变化使现在和未来的指挥与控制系统都需要新的能力。这种持久的变革力量需要具备灵活性和适应性的指挥与控制系统概念——平台和服务的持续演进，从而提供足以有效管理的单独和共享能力。

这些发现既不是新的，也不是绝对的。迄今为止，所采用的指挥（决策）和控制措施体现了军事和民用事务由来已久的概念。它们构成了一个主要管理框架，使用人群包括军事指挥员、企业高管、政府官员，以及其他负责复杂的、不断演变的、动态的、典型分布式的，甚至致命性的部门（如军事力量投送和民事执法部门）的负责人。

我们将美国管理实验的基本原则作为该理论的基石——所有人都是自由的，并且拥有基本权利：生命权（存在）和自由的衍生权（主权），财产（财富）权和追求幸福（成就奖励）的权力。我们认为，组织是人实现目标的手段，是由人设想的，因此是人力资源的综合体现。一个可行的组织，包括其中的人类参与者，是实际存在的，而且实际上是"活"的。在 21 世纪的经济和政治条件下运行的组织，要求主权、财富和幸福等"不可剥夺的权利"（至少是利益相关者的正当权利）。在这种情况下，一个主权组织可能希望通过组建联邦，为其共同的国防和经济福祉"建立一个更加完善的联邦"。为此，它们需要类似于"宪法"和"权利法案"的法规。我们认为，发展一个以网络为中介的（控制论）组织指挥与控制系统，原则上可以部分满足联合管理系统的要求。

在人类活动的许多领域，需要理解管理的基本运行机制，包括定期信息获取、态势评估、策略、资源和行动计划制定过程，以及最后的计划执行和绩效管理。然而，上述过程在以下几个方面有较大的差异：

- 用于描述管理过程的词汇；
- 核心原则的定义和应用；

- 随之而来的社会（行政）制度；
- 每个过程的相对重点（价值）；
- 现有技术支持者的能力；
- 所处的社会和政治背景。

这些差异存在于应用领域内部及各领域之间，甚至领域内的企业，以及企业组成部门内部和各个部门之间。因此，目前存在被广泛接受的指挥与控制理论，足以确定其概念基础和核心服务。没有这样的理论，指挥与控制技术就注定一直是分散的，缺乏规模，也难以被应用、运行和维护（或者费用很高）。此外，构建联邦组织系统需要及时解决共享管理服务问题。在单一领域（如市场或战区）单独运行或协同运行的组织符合这种情况，更不用说有时在紧急或时间有限的情况下，可能需要在跨域边界进行互相连接、互相操作和同步工作。

在美国国防部范围内，指挥与控制涉及在海军、海军陆战队、空军和陆军等军种部门的战术、战役、战略和国家级指挥（"联合特遣部队"）内部和之间统一的军事管理流程，美国国家指挥当局通过总统、美国国防部长和参谋长联席会议组成。在这个领域内，缺乏统一的指挥与控制会导致出现想法很好但往往相互不兼容和孤立的系统。这些"烟囱式"指挥与控制系统往往价格昂贵且仅为某一部门专用，意图、规格、范围和功能互相不兼容。简而言之，它们是自动化的架构孤岛。

"9·11"事件之后，出现了非国家支持的恐怖主义在各地爆发长期的地区冲突，国内和国际政治条件不断变化，进一步推动了统一指挥结构（UCS）的开发。理想的情况下，统一指挥需要持续的改进和分阶段的实施，还需要新系统和升级后的原有系统协调发展。统一指挥结构必须支持任一层级的单个指挥权限或跨层级指挥的需求，同时允许在军事和民事机构内部和之间提高协同性，在美国国内[①]和在多个作战区域内与外国盟友协调一致，以应对广泛的威胁。

---

① 包括非政府组织（NGO）和工业供应商。

前言

这当然是一个很高的要求,但不是没有先例。在第二次世界大战之后的50年里,主要受"冷战"威胁带来的战略核态势的驱使,美国投入巨资用于开发统一指挥架构,开发出全球军事指挥与控制系统(WWMCCS)及其目前的继任系统——全球指挥与控制系统(GCCS)和新兴的联合指挥与控制系统(JC2)。这些努力的出发点很好,旨在为美国指挥当局(NCA)提供监督关键战略[①]和具备军事行动能力的工具。尽管如此,尚未出现旨在统一设计和演变的总体理论文献,也没有关于统一指挥系统在不断发展的美国军事和非军事部门总体管理中的作用的文献。

因此,我们的任务是发展这样的基础理论,目标包括预测和支持美国军方组织开发统一的指挥架构,使其能够满足多个用户群体的需求,能够独立、协同并跨指挥层级运行。虽然本书有意体现技术中立性,但它确实认可并尊重当代计算和通信技术特定能力的存在,并且在一定程度上期待它们在美国国防部全球信息网格(GIG)及与之相关的网络中心战(NCO)中发挥重要作用。

最重要的是,统一的指挥与控制系统可能成为我们最重要的下一代战略(非核)武器系统。统一的指挥与控制系统可以同时服务于我们的国家和全球策略目标,同时为协调一致的政策和行动提供一个可以供其演变和展现一致的、可扩展的结构。动能武器已经并将继续成为国家军事战略的重点,有助于保持军种内部的历史性差异和专业化。它们绝对有助于长期地维持和加强军事和工业的政治经济关系。武器装备经历了从史前的机械化到化学、核能,再到现在的以信息为基础的设计。因此,本书认为构想、设计和实施适当的实时分布式和统一的指挥与控制系统,对美国的政治影响力和军事力量投送都具有潜在的巨大价值,使威慑和战略优势程度(通过全球范围内的认知和灵活机动)超过战术动能系统。

最后,我们的目的是要避免在权力集中与权力下放的争论中出现截然对立的紧张局面,这在之前曾发生过。我们的目的是减少这样的争论,如果不

[①] 用美国军事术语来说,"战略"一词通常与"核"联系在一起。

能彻底消除争论的话。这里提出的组织指挥与控制理论是建立在另一种范式之上的，该范式考虑到独立组织内部和组织之间多层次的合理性。由于组织需要的敏捷性和有效性，因此该范式保留并强化了一定程度的个体行动权。统一原则包括将复杂系统划分为半自主的按联邦制组织起来的子系统（根据杰裴逊原理），以及将功能划分为专业高效的可访问（共享）网络服务。这样的设计允许责任授权和可问责性，同时为指挥员意图提供支持，主要作战概念通过建立并不断加强问责制层级和因果网络的指挥链结构，建立和合法化情报分发、问责制和忠诚机制。在这个范式中，组织指挥与控制理论同时支持管理的认知艺术性和技术辅助管理的科学性。

  本书有着明显的军事化倾向，这是因为在大多数情况下，美国国防部是美国最大、最昂贵和最具致命性的组织。然而，我们认为，与该工作的主题相一致，它所传达的信息同样适用于民用商业界，尤其是大中型工业和民间（公共服务）组织。因此，正如我们试图表达的那样，我们邀请读者在最普遍的和领域中立的背景下，来评价旨在建立理性组织的《组织指挥与控制理论》。

目 录

第1章 引言 ··· 1
第2章 背景 ··· 4
  2.1 目标 ··· 4
  2.2 背景介绍 ·· 5
  2.3 出发点 ··· 6
  2.4 指挥与控制理论——近期历史 ·· 8
    2.4.1 指挥 ··· 8
    2.4.2 指挥与控制 ··· 9
    2.4.3 指挥与控制系统 ·· 9
    2.4.4 指挥、控制、通信和计算机 ·· 9
  2.5 指挥与控制理论——组织的出现 ······································· 11
第3章 组织的本质属性 ·· 13
  3.1 组织的使命 ··· 15
  3.2 价值生产单元 ··· 15
  3.3 组织结构 ·· 17
    3.3.1 指挥网络 ·· 18
    3.3.2 生产网络 ·· 20
    3.3.3 联邦组织——利益共同体 ··· 23
    3.3.4 组织身份标识 ··· 24

第 4 章 组织控制服务 ·············· 28
4.1 循环控制过程 ·············· 28
4.2 控制过程 ·············· 30
4.2.1 态势评估服务（SAS）·············· 33
4.2.2 计划生成服务（PGS）·············· 35
4.2.3 计划执行服务（PES）·············· 37
4.3 协作 ·············· 38

第 5 章 组织指挥服务 ·············· 39
5.1 指挥结构 ·············· 39
5.2 组织指挥与控制用户界面 ·············· 45
5.3 EC2 指挥应用服务 ·············· 46
5.4 内部 VPU 对话 ·············· 51
5.4.1 ECS 指挥模型结构 ·············· 51
5.4.2 指挥轴对话框 ·············· 54
5.4.3 计划和任务管理 ·············· 55

第 6 章 性能度量服务 ·············· 60
6.1 潜力 ·············· 61
6.2 能力 ·············· 61
6.3 实际效能 ·············· 61
6.4 能潜比 ·············· 61
6.5 生产率 ·············· 61
6.6 性能 ·············· 61

第 7 章 组织指挥与控制执行属性 ·············· 64
7.1 组织指挥与控制规划范围——"粗粒度"的时间 ·············· 64
7.2 态势评估服务（SAS）：创建行动方案 ·············· 66
7.2.1 订阅 ·············· 67
7.2.2 收听 ·············· 67
7.2.3 事件探测 ·············· 68
7.2.4 事件关联 ·············· 68
7.2.5 态势探测 ·············· 68
7.2.6 主动反应——行动方案 ·············· 69
7.3 计划生成服务（PGS）：创建记录计划 ·············· 70

  7.3.1 策略合规性检查 ……………………………………………… 71
  7.3.2 资产（能力）——记录资源的分配计划 ……………………… 72
 7.4 计划执行服务（PES）：记录计划的执行 …………………………… 74
  7.4.1 计划调度 …………………………………………………… 74
  7.4.2 计划运行概念 ……………………………………………… 76
  7.4.3 计划执行与任务管理 ……………………………………… 78
  7.4.4 计划执行——线程管理 …………………………………… 78
 7.5 VPU 之间的时间安排——合约性能 ………………………………… 79
 7.6 组织指挥与控制消息结构（示意性的） ……………………………… 80
 7.7 VPU 内部时序 ………………………………………………………… 82
 7.8 级间过程时序 ………………………………………………………… 84
 7.9 基于策略的资源管理 ………………………………………………… 89
 7.10 基于策略的任务（线程）调度 ……………………………………… 89
 7.11 线程调度 …………………………………………………………… 90
 7.12 死锁处理 …………………………………………………………… 90
 7.13 效用应计调度 ……………………………………………………… 91

第 8 章　组织参与协议 …………………………………………………… 96
 8.1 组织交易协议 ………………………………………………………… 98
 8.2 消息字段 …………………………………………………………… 100
  8.2.1 发布者 ID（PID） ………………………………………… 100
  8.2.2 订购者 ID（SID） ………………………………………… 100
  8.2.3 消息类型（MTYPE） ……………………………………… 101
  8.2.4 发布时间（TIME） ………………………………………… 101
  8.2.5 时间效用函数（TUF） …………………………………… 101
  8.2.6 序列号（SEQ） …………………………………………… 101
  8.2.7 元数据（MD） …………………………………………… 101
  8.2.8 有效载荷（PAYLD） ……………………………………… 101
  8.2.9 回复（RPLY） …………………………………………… 101
  8.2.10 校验和（CHK） ………………………………………… 102
 8.3 通过参与协议进行协作 …………………………………………… 102

第 9 章　组织资源管理 …………………………………………………… 105
 9.1 VPU 调度序列 ……………………………………………………… 106

  9.2 资源保留——重访 ·· 107
第 10 章 统一指挥的结构 ·· 109
  10.1 指挥官的观点 ·· 109
  10.2 组织应用程序 ·· 113
  10.3 统一指挥 ·· 115
  10.4 联邦系统 ·· 117
  10.5 合作竞争 ·· 117
附录 A 控制论 ·· 124
附录 B VPU 分析模型 ·· 133
附录 C 词汇表（缩略语）·· 139

第 1 章

引言

　　创建理性组织及其相应的组织指挥与控制配套理论包含理论和技术方面的诉求，目的是提供一个概念和需求的逻辑框架，用于表达、理解和整合中到大型组织内部和之间的网络使能管理服务①，无论是对于商业或政府，还是民用或军事。在历史上，术语"指挥与控制"（C2）指的是战术军事行动（如机动、火控）的管理活动。在非军事领域，"决策和控制"一词更为常见。在下面的理论中，我们使用术语"组织指挥与控制"（Enterprise C2，EC2）来囊括和统一这两个领域。

　　组织指挥与控制理论（the Theory of Enterprise C2，TEC2）主要关注于提高大规模组织内部和组织之间管理的有效性，例如美国国土安全部、美国国防部、各军兵种及其相关组织，包括政府和非政府组织。得益于网络中心（共享）的组织指挥与控制服务，机构速度和灵活性、机构间合作联合评估、规划和执行、共享资源管理、策略遵循、效果和规模经济的认知与预测等方面的改善，都将推动并实现效益增长。历史上，指挥与控制绝大部分聚焦于内部战术。而该理论旨在将指挥与控制拓展到广泛共享（网络可访问）管理服务套件，能够有效地支持以网络为中介的运行方式——统一的指挥结构，并超越当前通过将独立的（传统的、特定机构的、"烟囱"式的）指挥与控制系统集成从而实现"联合"的努力。如前文所述，主要目的是改进分布式的、协作的和实时运行的交互组织之间的性能。

　　有效的组织管理包括三个主要的指挥（决策）和控制服务类别：态势评

---

　　① 网络使能管理服务提供网络服务（通过公司或军事内部网络），并根据面向服务的软件原则（SOA）指定、设计和实施。

估、规划和计划执行。这些服务构成了组织，以及通过协作形成的联邦组织的核心活动。这些服务类别构成了统一管理（但分散化）形式化模型的基础。以网络为中介的组织指挥与控制服务支持分布式、自我感知、主权、敏捷、移动、可生存和互操作（合作）组织系统的管理结构。

术语"组织系统"（ES）或指挥与控制系统是指支持组织管理的技术基础设施。组织系统指的不是信息技术（IT）本身，而是基于 IT 系统和服务的应用（软件）。IT 是指用于管理此类服务的计算机技术和通信技术。一般来说，这些术语是不可互换的。

指挥与控制理论的发展补充了美国国防部发展网络中心战理论的努力。工程咨询委员会（EAB）在支持美国国防部首席信息官（CIO）的同时，正在制定全球信息栅格（GIG）和相关应用层级（基于软件的服务）实施标准的实施指南。这些标准统称为网络中心执行文档（NCID），预期将为指挥与控制应用程序设计人员和开发人员提供全球信息栅格兼容互操作系统方面的指导。鉴于指挥与控制应用程序可能是最关键、最复杂且以网络为中心的应用程序，其将代表 NCID 规范的最关键的初始驱动力。因此，该项工作是由 NCID 应用需求发展所驱动的，并为其辅助和指导。

负责网络和信息集成的助理美国国防部长（OSD/NII）①办公室内的指挥与控制政策办公室向应用级层的 NCID 提供资助，特别是指挥与控制的应用。约翰斯·霍普金斯大学应用物理实验室（JHU/APL）正在创建应用 NCID 的技术规范。除了更广泛的目标外，组织指挥与控制理论中所表述的内容为 JHU/APL 的活动提供了背景和指导。

历史上曾出现过多次旨在建立统一的国家范畴的指挥与控制的努力。例如，二战后的世界军事指挥与控制系统（WWMCCS）、全球指挥与控制系统（GCCS）和联合指挥与控制系统（JC2）。最近，地方、州和联邦层面都急需这些系统，而这些系统都出现了单一或集体的失效。显而易见，这些系统缺乏针对恐怖主义（如"9·11"事件）和自然灾害（如卡特里娜飓风）进行预测、计划和及时响应的能力。这些事件突显了我们内部和机构间管理系统的弱点，并证明了发展先进（分布式、共享和容错）组织管理系统的迫切需

---

① 负责网络和信息集成的助理美国国防部长办公室主任，兼任美国国防部首席信息官（DoD CIO）。

要，这些系统是独立的和可互操作的。

在美国，联邦部门和机构，如美国国防部、国土安全部、司法部、卫生和公共服务部、能源部和运输部，必须相互合作，以便更加有效地预防和应对恐怖主义和自然灾害。在国际上，这些部门和机构需要与其他国家相对应的部门和机构合作打击恐怖主义和应对全球自然灾害。这种情况需要发展更具协作性的指挥与控制框架，鼓励单个和可互操作的组织指挥与控制系统之间进行对话，最终促进指挥与控制系统的规范、设计、构建、采办、部署和维护（以增量和渐进的方式）。该理论支持以下目标。

组织指挥与控制理论包括四个主要内容和三个支撑内容。四个主要内容包括：

（1）组织理论，指挥与控制服务的受益者及主要目标：价值生成（第3章）；

（2）组织控制服务理论，以联邦形式组成的系统价值生成的基本过程（第4章）；

（3）组织指挥结构理论，如何组织人类和其他参与者通过单独和以联邦形式实施控制服务并对组织实施有效监督（第5章）；

（4）组织性能理论，建立指标以衡量组织在单独行动和联合行动时的表现（第6章）。

解决指挥与控制 "服务质量"问题的三个支撑内容包括：

（1）组织实时性理论，涉及组织实现其单独和小组完成时间需求的问题（第7章）；

（2）组织管理协议理论，组织为各自能力建立市场和交易的手段（第8章）；

（3）组织资源管理理论，时效性和资源需求之间的关系（第9章）；

从理论的应用出发，本书结尾讨论了理性组织和统一指挥的结构问题（第10章）。

作为参考，本书附带三个附录，包括用于解释形成组织指挥结构的控制论、用于介绍价值生成的VPU分析模型，以及一个词汇表。

 第2章

背景

理性要求思想的约束、态势的协调和一致性。遵守纪律的群体行为的前提是共享理解（本体论），在一定程度上，甚至共享过程。共享过程需要一个协调框架，包括团体认知、协作和共识、有效管理、组织指挥与控制（EC2）理论。我们的组织指挥与控制理论是由以下因素激发的：日益复杂的现代组织、运行环境不断变化的本质，以及开发和维护基础设施越来越高的复杂程度（成本）。这种挑战体现在美国政府持续不断改革的努力，为提高国防行动的效率，从传统的战术战斗（兵力投送）作用到对国土防御的支持，对国内和国际机构间的合作都有新的需求。作为回应，美国国防部助理部长办公室网络和信息综合管理局（OSD/NII）的指挥与控制（C2）政策主任委托开展这项工作。

2.1 目标

这项工作的主要目标是提出符合美国国防部网络中心战（NCW）和兵力转型目标的广泛适用的（领域中立、逻辑性和可扩展性）组织指挥与控制统一理论。本书提出了这样一个理论。我们断言，该理论能够作为对后续 GIG 兼容架构规范的指导，并推动单个指挥与控制应用系统的设计、开发、采办和部署。这些应用系统一旦运行，就能够单独或者共同服务于统一指挥结构（UCS）。兼容统一指挥结构的指挥与控制系统必须适合于持续的网络中心战（NCO），为美国指挥当局（NCA）提供核心指挥与控制服务。

本书用 10 章论述该组织指挥与控制理论。第 1 章为引言。第 2 章介绍了主题，提供了一些相关的历史，以及下文的背景和用语。第 3 章定义了组织模型及以网络为中心的指挥与控制运行的焦点。第 4 章介绍了态势评估、

计划生成和计划执行以网络为中心的核心过程——支持协作和协调组织指挥与控制所需的服务。第 5 章介绍了一种可扩展和分布式的指挥结构，能够建立和维护组织参与者（人类和人造的）的问责制。第 6 章描述了能够提供实时和环境中立条件下性能指标的网络中心性能度量服务。第 7 章介绍了关键应用服务质量（AQoS），特别强调完成任务的时间需求。第 8 章描述了组织间的消息传递服务，以支持机构内部和机构间的协作和同步。第 9 章讨论了该理论对有效的本地和全球组织资源管理的重要依赖。第 10 章总结了基于组织指挥与控制理论的理性组织和统一指挥的结构。

本书的附录 A 是对第 5 章的支持，从控制论原理发展出组织指挥结构[①]。附录 B 是对第 3 章的支持，引入组织价值生成的 VPU 分析（数学）模型。这些附录都不包含理解核心内容所需的信息，而是为深入理解提供背景和途径支持。

该理论试图整合指挥与控制的三个相互关联的视角，即信息技术、系统工程（特别是经典控制理论及更全面的分支控制论），以及少量与工程相关的社会和认知科学。这三个学科都在不断发展，并不同程度地融合。例如，鉴于在神经生物学和脑研究领域取得的显著而持续的进展，系统科学（控制论）正在进入一个新时代，特别是联想记忆的概念和作用（如可重入映射），以及在捕获支持预期行为和意识的刺激反应模式中的作用。组织指挥与控制理论，特别是组织指挥结构，将继续受益于这些发展。

2.2　背景介绍

该工作考虑了美国联邦、州、地方政府和非政府组织中的指挥与控制需求。我们尤其对美国行政部门机构（特别是美国国防部）的任务、目的和目标之间的相互作用感兴趣，因为这些是国家指挥当局的相关部门。总的来说，这些需求期望得到更正式、更灵活和去中心化的合作，以及分布式的、富有想象力的（即富有预期性的）、适应性的事务管理能力。

- 在特定的组织内；
- 或者在联邦组织之间。

---

① 控制论在其更一般的定义中，是关于大规模动态和概率系统的管理。一阶控制论涉及特定系统的监管；二阶控制论涉及该系统所嵌入的环境的调节。

因此，我们的目标是开发一个直接适用于美国国防部核心任务的组织指挥与控制理论，但同时也支持联邦机构和其所形成的利益团体的相互作用。我们认识到，在这个日益复杂、相互依存和不断演变的世界中，美国作为一个拥有主权但内部之间相互依赖的国家是首要参与者，特别是在外交（制裁）、商业（贸易）和公共安全（恐怖主义和自然灾害管理）方面，美国国防部、国土安全部、州、司法部等部门之间能够相互协调。

本报告还包括其他方面重要的考虑。

- 世界人口正在增长，政治、商业和文化相互依存，从而导致竞争性的紧张局势。
- 政府、商业和社会的既定机构面临越来越大的压力，主要原因包括：各自责任领域的复杂性、日益增长的相互依存性，以及需要在更有限的时间和经济条件下获取、管理和分享稀缺与昂贵的资源。
- 在主权机构和国家内部及主权机构和国家之间，法律、政治和金融方面的相互依赖性越来越高，同时还因历史先例、运作模式和政治议程而产生摩擦。
- 美国在世界范围的作用正在扩大，全球媒体持续不断和日益详细的监督与报道也在扩大，使我们的行动更加引人注目，并要求我们在人道主义、社会、政府和军事等几乎所有方面的治理中更加开放、坦率、谨慎、合作和敏感。
- 美国在世界上的作用是显而易见的，但也是充满矛盾的，主要是由于美国强大的经济和军事能力，越来越被需要和期望来应对第三世界国家的发展、救灾和冲突解决等问题，以及应对世界上富裕和贫穷国家之间差距日益扩大所造成的社会问题。

2.3 出发点

考虑到上述目标和背景，我们将《指挥概念》报告作为组织指挥与控制理论研究的起点，该报告由 Carl Builder、Steven Banks 和 Richard Nordin 在兰德国防研究所撰写。我们并非赞同该报告中的所有结论。其中的核心结论指出，指挥概念（战略规划和相关行动概念的发展）是或应该是"指挥与控制系统流动的信息中的关键实质性内容"。这个结论源于对二战中和二战后的六次关键冲突的分析及由此得出的经验教训。在讨论的诸多经验教训中，我们注意到以下几点。

- 指挥与控制系统的应用（也就是设计）应该从向较弱指挥官和条令驱动的作战提供支持，转变为向随时准备作战的有创意、有远见的指挥官提供支持。
- 支撑指挥概念有效开发的信息，应至少与显示该概念是否有效的信息一样重要。
- 在某种情况下（如战斗或机动），大量的实时信息不会显著改变其结果（例如，在危机期间信息的边际回报急剧下降）。
- 指挥与控制系统旨在支持冲突期间的及时调整，而不是在冲突之前计划、模拟和进行连贯的沟通，或是教给指挥官错误的经验。
- （1980—1995年）指挥与控制的传统控制论模型能够真实描述指挥与控制中的"控制"方面，但在解决更重要的"指挥"方面却能力薄弱。

以上所述的历史和教训强烈表明，针对军事和非军事行动的指挥与控制系统设计，应着眼于为指挥官（管理者）制定指挥概念，并为随后的作战计划提供支持。因此，我们的理论和面向服务的应用架构建议重视历史态势评估、指挥概念建模、场景（规划）开发和仿真，以及在行动计划投入运行后，指挥与控制系统及时提供对部署和进程的重点反馈的能力。提供反馈的目标包括两个方面：实时评估行动计划的进展情况，更重要的是实时掌握经验教训，为资源（能力）管理和后续规划提供分析和规划功能。

此外，为了回应公认的传统控制论方法的优势和不足，我们更进一步，旨在提高指挥与控制系统支持"价值判断"和实时运行的学习能力。这些扩展来源于现代科学对脑功能（神经解剖学）的理解，特别是记忆和认知功能，以及它们在支持指挥官独立或分组执行规划和态势感知与预测方面的相互依赖作用。

国内和国际对近期发生的事件（包括地震、龙卷风、飓风、海啸、洪水和恐怖主义危机等灾害）的应对措施，为了解现有指挥与控制系统结构、功能和性能的有效性（或缺乏）或者新的需求提供了重要来源。美国联邦、州和地方机构对卡特里娜飓风和丽塔飓风的应对行动表明，在开发和部署统一的指挥与控制，提高美国联邦、州和地方对大规模灾难的应对效率之前，还有很多工作要做。指挥与控制的历史揭示了这种困境。

2.4 指挥与控制理论——近期历史

当代的指挥与控制模型的表达形式来源于信息（计算机和通信）系统、反馈控制系统（经典控制论），以及同样重要但不太注重分析的社会认知科学等传统概念。这三个学科中的观点对于捕获指挥与控制的人和技术方面的贡献很大。然而，它们倾向于通过指挥的功能，即将指挥官和参谋人员置于一个框架中，并连接到某种特定应用程序的技术性指挥与控制系统上，这些系统通常是战术性的（如军事火力控制）。在构建指挥与控制系统时，无论是在讨论还是投入资金方面，这些技术系统都会受到极大的关注。目前为获得特定军种和网络中心战（NCW）系统的努力强化了这种偏见。这是非常真实的，特别是美国的军事采办政策对与美国国防部内部网相关的通信技术、全球信息网格（GIG）的重视，以及支持对网络中心组织服务（NCES）和相应信息技术的依赖。

近年来，指挥与控制理论被扩大到包括"基于效果的作战"（EBO）的概念目标。基于效果的作战旨在通过聚焦提供明确定义但范围有限的结果的战术效应，从而偏向规划和行动，使"蓝军对蓝军"的友方火力损失最小化。与城市战的现实情况一致，基于效果的作战寻求通过有限但集中的动能攻击，实现附加效应最小化，通过对敌人指挥与控制能力、资产或心理造成决定性打击来完成目标。

然而，历史观点仍然主导着讨论、策略、会议论文和理论，正与《美国国防部军事术语词典》中所定义的一样。

2.4.1 指挥

（1）武装部队指挥官凭借职务或任务合法地对下属行使权力。指挥即有效利用现有资源和规划使用、组织、指挥、协调和控制军事力量，通过所赋予的权力和责任以完成任务；对所属人员的健康、福利、士气和纪律负有责任。（2）指挥官发出的命令，即指挥官为了实现特定行动而表达的意志。（3）指挥范围为在一个指挥官管辖下的一支或数支部队、一个组织或一个地区。

2.4.2 指挥与控制

（美国国防部）指挥与控制是正式任命的指挥官在完成任务时对指定和附属的部队行使权力和进行指导的活动。指挥与控制功能通过所属部队作战行动的计划、指导和控制所必需的人员、设备、装备、通信手段和程序来实现。

（美国国防部联合指挥结构提案，2004年1月）指挥与控制，简单来说，就是行使权力和指导的活动。为了压缩决策周期，掌握主动，利用转瞬即逝的机会，以网络为中心的指挥与控制可以在越来越低的层级上应用。以网络为中心的指挥与控制提供了更多的态势感知、更大的自主性和更多的行动自由度，并且能够在分布式协作信息环境中运行的全球互联指挥层面上进行连续和同步的作战，为规划、指导、协调、监督和控制部队及行动，提供工具和过程。

（美国国防部联合指挥结构提案，2004年1月）通过结构化过程和共享价值主张对全球互联和相互依存的资产行使实时权力和指导，同时在协作和互动的网络中心团体中运作，由正式的分层问责结构控制。

2.4.3 指挥与控制系统

（美国国防部）指挥官按照指派的任务对所属部队作战行动的计划、指导和控制所必需的设备、装备、通信手段、程序和人员进行指挥。

2.4.4 指挥、控制、通信和计算机

（美国国防部）指挥与控制系统即支持指挥官在整个军事行动范围内执行指挥与控制的理论、程序、组织结构、人员、设备、设施和通信的综合系统。

这些定义在捕捉到指挥与控制的基本精神的同时，并没有有效地捕捉到洞察力、风险评估和应急计划、敏捷性、节奏或其他认知方面有效指挥的本质。事实上，它们把这些关键成功因素从指挥与控制的领域中剥离出来，似乎是为了避免妨碍指挥官的特权。尽管考虑到历史因素这可以被理解，但这样的忽略阻碍了能够自动化并支持分布式统一指挥的指挥与控制应用（以网络为中心的服务）的设计和开发，特别是那些可能促成广泛合作的、能够在时间和空间中自发进行互操作的指挥。换句话说，对指挥与控制的传统定义

组织指挥与控制理论

聚焦单一指挥官的特权。当今复杂的多机构情况需要重新定义指挥与控制，包括诸如协作、群组态势评估和计划、同步、资源共享和基于策略的指挥等需要额外考虑的事项。

无论是在军事领域还是商业领域，传统的组织指挥与控制观念还存在一个严重缺陷，倾向于关注战争、市场波动或灾难响应的瞬时性和相对短暂性，以及指挥官（管理人员）在冲突响应主要是机动的战区中进行作战的需要，即具有可识别的起始和结束状态。虽然被公认为要求最苛刻的组织管理活动，但为有效的事件前计划和持续的事件后行动提供了总体需求，也产生了重要的附加需求。人们常常认为，更有效的事后规划可能有助于避免在激战情况下战术行动带来的许多严重和不必要的负面效果，并把组织指挥与控制的概念扩展到传统范围以外。这种扩展需要一个可行的指挥与控制理论来解决组织间接口、控制过程（服务）、定义及单独和集体指挥特权之间的相应界限。有效的组织指挥与控制开发给所有政府和商业机构带来重大挑战。因此，试图描述一个全面的管理理论是有问题的。正因为如此，在尊重历史的情况下，我们以当时最大的作战指挥与控制系统——美国国家军事指挥系统（NMCS）的演变开始我们的研究旅程。在 NMCS 的演变历程中，至少在第二次世界大战后的时代，出现了战略（核能力）指挥、控制、通信和计算（C4）系统。由于军事战略和理论的需要，尤其是与古巴导弹危机有关的国家指挥行动的失败（1961 年），NMCS 的演变经历十年来试图将独立的战术军事系统（如 NMCC、ANMCC、NORAD、SAGE、SACCS、BMEWS 等）与新兴的国防通信（语音和数据）能力互联的尝试。

时任美国国防部长的罗伯特·麦克纳马拉在 1962 年 10 月发布了美国国防部指令 S-5100.30（全球军事指挥与控制系统的作战概念），随后美国国防部开始着手构建国家级指挥与控制框架。虽然建立国家危机管理系统的需求是显而易见的，但这种需求直到今天仍然存在——尚缺少单一的指导性概念理论或对国家组织概念的一致表述，最重要的是，缺少对指挥与控制的理论支撑。

1967 年，美国建立了首个全球军事指挥与控制系统（WWMCCS），从那之后还陆续建立了几个后续版本。在接下来的 30 年里，WWMCCS 因国内和国际政治现实，以及国内和全球使命变化而不断演变，在极其困难和数次推迟的情况下，吸收了通信和计算技术方面潜在的重要变化。1996 年，WWMCCS 的使命结束，取而代之的是全球指挥与控制系统（GCCS）及各军种的定制版本。GCCS 除了提供新的基于软件的指挥与控制服务之外，还提供新的分组通信和通用计算功能，这些功能在很大程度上与旧的 WWMCCS 系统互不兼容。

更重要的是，GCCS 是指挥与控制系统"通用软件"领域的首次尝试。WWMCCS 主要基于硬件和面向批处理，是许多独立的、基本上是战术级指挥与控制系统的功能的结合体。另外，GCCS 代表了从批处理数据处理概念转变为交互式和以用户为中心的信息共享概念的关键第一步。GCCS 的核心是基于交互式客户端—服务器计算系统与早期分组交换的本地和全球网络技术。但是，与其前身一样，GCCS 是基于信息而不是基于组织过程（服务）的设计。其目的不在于建立和维持一个或多个组织的生存能力，而在于获取和分享特定类型的信息。由此产生的架构和各军种版本（如 GCCS-J/-A/-M）在很大程度上仍然关注传统军事机动理论的技术问题，以及基本上非自动指挥与控制活动的相关需求。指挥与控制，作为法典化学科，基本上仍未得到定义，留下一系列被称为"指挥官意图"的抽象概念。

2.5 指挥与控制理论——组织的出现

一个有用的指挥与控制理论，能够实现军事和民用指挥目标，该目标跨越事前和事后管理要求，能够适应新的信息技术创新步伐，并能够适应政府、军事和商业组织不断发展的需求。该理论必须明确表达组织指挥与控制的本质属性，包括支持预期、评估、计划和执行的认知过程。有了这样一个理论，就有可能想象出一个有效的组织管理的总体概念——一个能够满足军民两用指挥需求的统一概念。

首先，我们明确了美国军事组织的范围及其指挥与控制目标的领域，美国国防部组织指挥与控制域如图 1 所示。该领域跨越战术级、战役/战区级、战略级和国家级指挥层面，管理特定战区需求及全球指挥能力。此外，它包含上到美国总统（POTUS）下到军事打击力量的指挥权限——如图 1 中箭头所指之处。

以此为背景，我们希望开发一种强大且可扩展的美国国防部组织指挥与控制理论，能够涵盖这个广泛且互动的领域。这就要求我们首先开发一种广义的、可扩展的组织概念，能够处理更大范围的分属不同指挥权限层级的作战实体，这些实体对感知和反应的时效性（精确性）有着不同的需求，并能

够在不同的战区作战。因此，我们研究旅程迈出的第一步是简要地说明组织这个词的含义。

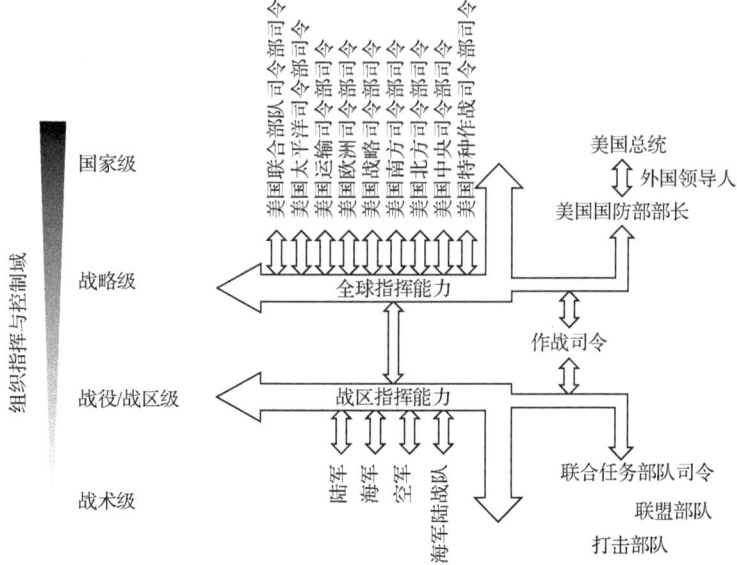

图 1 美国国防部组织指挥与控制域

第3章

组织的本质属性

本章介绍了指挥与控制管理的实体——组织，简单地说，是价值生成所在之处。组织的管理涉及对能力的有效管理①，这被认为对其组分系统（利益相关者）或者其他组织更有价值。政府、商业和社会机构提供大范围的产品或服务，各自满足利益相关者的切实需求。有效的管理结构（指挥与控制系统）能够使组织单独或协调地有效运作，这需要一个共同的概念基础，明确界定组织的含义及组织行使统一指挥与控制的责任。

从技术上来说，组织这个词指的是一个可量化的（任意规模的）组织单位，包括其中的人类、人造参与者及配套的信息系统。组织包含足够的能力（方法和装备）和运行策略，足以提供价值指标可量化的产品或服务，其规格是价值主张。因此，组织可定义为价值生产单元。组织指挥与控制（EC2）一词是指提供对实现价值主张计算②的监管、监督控制的管理原则和辅助管理系统。

我们的理论主要关注组织的指挥与控制系统，这些系统和服务适用于从小型到大型③的可交互④组织。我们对能够支持更高水平自动监管的组织指挥与控制系统特别感兴趣。这些综合系统对于联邦、州和市政府机构，军事和

---

① 能力是指在当前资源水平（资产）准备和部署的状态下，系统或服务执行任务的能力。

② 因此，组织是一个可计算的单位，其应用程序是其价值主张。

③ 系统之所以是大规模的，是因为它的"状态空间"太大、太复杂，在没有辅助的信息和自动化系统的帮助下，不能被理解和有效地管理。

④ 一个系统是可交互的，它同时能够响应其运行环境及其内部过程的实时需求。

国土安全，国际和国内的多种商业活动，以及要求以更快速度、更高质量运行的日益复杂的组织都具有较高价值。

警告：无论是否采取自动化指挥与控制系统，组织管理不总是开明的、高效的或有效的，不总是接受合理和既定的规则指导，也并不总由能力出众的人进行监管。组织管理的种种形式经过了数个世纪的纷繁演变。组织管理从原始部落、封建和宗教时期就已出现，经过国家事务、战争和商业活动演变为当前的形式。不过，几乎在所有情况下，管理会采取正式的、通常是特殊的方式获取信息，从而决定了当前的现状或未来的态势，对必需的资源和国内外的反应，以及随后对计划的执行进行优先排序和规划。预计这种正式且特殊的方法将直接或间接地（明示或暗示）对组织的持续生存能力产生影响。事实上，长期生存能力通常是组织的首要目标。我们将所有这些方式称作组织指挥与控制（EC2），无论是正式的还是临时的。因为我们希望在可能的情况下实现自动化，所以我们的重点必须放在正式的指挥与控制上。

可行的交互系统在本质上呈现出以下四个主要特征：

（1）在有限的情景下，行为是连贯的（有目的的）；

（2）拥有明确的身份标识（唯一的）；

（3）可行性取决于在可量化的动态平衡（稳态的）条件下运行；

（4）具有自我意识（智能的），能够将自己的经验融入学习、适应和演化的自我调节和自组织过程中。

这些特征为我们研究组织指挥与控制理论奠定了基础。组织通常有在一个特定的生态系统（背景）内定义的目的。一个明确的身份意味着一个组织是存在的，且以独特的名称被组织自身和社会所认知，并被赋予使命和能力。组织是活着的，在这个意义上，组织为了生存必须在其生态系统内部保持动态平衡状态。最后，意识要求通过组织指挥与控制系统有意识地执行管理能力，使其能够持续、客观地评估内部和外部条件，以及其自身能够有效应对的能力状态。

我们的论点是，无论是单独运行还是协同运行[①]，无论是自然的还是合

[①] 系统、人与控制论的多学科科学认为，从自然系统发展和自我调节的生物系统到多层级系统，可行系统通过可量化和相互关联的反馈（如指挥与控制）机制不断适应变化。

成的（人造），组织系统总是为了价值生成而存在的。同样，可行的自然系统的共同特征和运行原则也为合成组织系统提供了基本需求。

下面的章节将采用这些特征，将其简化①，并建立它们和统一组织指挥与控制体系架构之间的联系②。组织指挥与控制的简化形式在本书参考文献部分提供，为相互依存的新旧指挥与控制系统之间的互操作提供路线图，为测试和验证其适当的（基于策略的）单独和集体行为奠定基础。另外，对于不满足上述任何一个特征的传统指挥与控制系统，其长期可行性也存在疑问。要么组织失去生存能力，要么传统指挥与控制系统需要被更替。

指挥与控制理论成功与否最终取决于现实中能否建立有效的组织指挥与控制系统架构并有效实施。该理论本身既不定义也不设计特定的组织指挥与控制架构。但是，该理论确实考虑了统一的组织指挥与控制系统在结构、功能和性能上的某些期望。因此，该理论定义了一个更高级别的组织架构。既然我们认为功能决定结构，那么我们首先应该把注意力放在组织的核心功能上。

3.1　组织的使命

我们的猜测是，和指挥与控制有关的艺术、科学主要和价值生成管理相关。一个组织的存在是为了实现③其愿景、使命和作战任务清单中的价值主张。一个组织在这些方面的陈述明确了组织的职权范围和存在的权力，以建立、监督和维持组织作为一个主权实体存在。根据观察到的自然法则，可持续生存能力的丧失会导致这种权力的丧失和湮没。因此，有效的管理从根本上来说就是维持组织的存在，通过持续改进流程（包括完善其内部监管体系），在通常具有竞争性和资源有限的环境中调整与维护价值主张和随之而来的能力。

3.2　价值生产单元

我们的理论将组织指挥与控制（EC2）定义为对价值生成过程的管理（无

---

① 术语规范形式是指对象或对象之间关系的不可约减或基本性质。
② 系统的架构是指其核心功能、结构和性能特征的一致性规范。
③ 术语"实现"是指在现有技术中实现架构系统。

论是军队还是民间、政府或商业）。组织结构定义了价值生成的主体，因此也是组织指挥与控制关注的对象。组织是一个抽象的对象，或者说是虚拟机[1]，被称为价值生产单元（VPU）。一个价值生产单元代表一个明确的和可管理的价值生成能力。它在垂直指挥轴（责任，上下级网络或资产链）和水平生产轴（效应，同级，生产网络或供应链）的交叉点上连续运行，目的是同时平衡各自的需求。

价值生产单元如图2所示，该平面二维图定义了组织管理及相关的组织指挥与控制服务（范围）的运行域。信息流定义了价值生产单元管理核心[2]和各个轴交叉点的顺序、资源、事件、态势、策略、计划和效果，要求信息融合、有效分析、主动和被动计划、风险评估和回避、妥协和决策，这些都在时间依赖和经常性冲突要求的条件下进行。这是指挥的本质，价值生产是在有效的决策和控制过程中产生的。组织指挥与控制通信端口如表1所示，总结了价值生产单元两个轴上每个端口的主要功能。

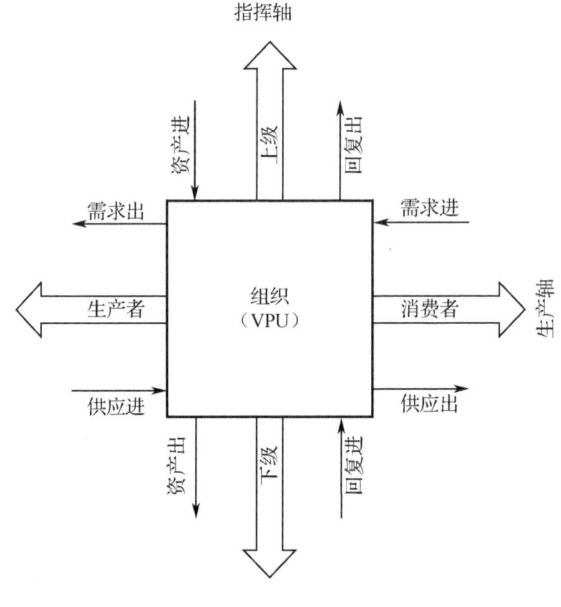

图2　价值生产单元

---

[1] 虚拟机是在另一个真实（物理）或虚拟机的范围内作用（运行）的任何非物理结构体（例如理性代理）。

[2] 管理核心可能是指挥官和军官聚集在一起执行组织使命的"C2飞地"或"桥梁"。

举例来说,在军事作战人员背景下,指挥官通常面临一个或多个任务清单(图 2 中的上级)、对敌方实施机动和打击(消费者一方)的情报、力量和装备供应后勤系统(供应方),以及内部能力规划和随后发布的任务清单(从属方)。在民用工业环境下,这种二维模型说明了管理层需要在价格和利润与商品和服务竞争性需求(消费者方面)之间维持平衡,基于价格和供应量(生产者方)动态调整原材料库存水平,并实现股权估值(上位方)与工厂设备资产(下位方)资本投资的匹配。

表 1 组织指挥与控制通信端口

价值链	端口名	端口功能
指挥轴	资产进 Assets In	根据服务水平协议(SLA),接受和同化上级 VPU 分配的资产和任务订单
	回复出 Returns Out	通过之前分配的资产或命令产生的价值回报;分配额外资产的需求;澄清发出的任务清单的需求
	资产出 Assets Out	向下属 VPU 分发资产和任务清单,期望产生有时间价值的回报
	回复进 Returns In	接收和同化回复、回执,对新资产分配请求或者来自下级 VPU 新命令准备程度的评估
生产轴	需求进 Demand In	根据 SLA,接受和同化来自上游消费者(客户)VPU 的商品或服务的需求订单
	供应出 Supply Out	完成先前收到的下游消费者(客户)VPU 的需求订单
	需求出 Demand Out	向上游生产商(服务器)VPU 发放商品或服务的需求订单
	供应进 Supply In	回执和接受,并完成上游生产者(服务器)VPU 之前发出的货物或服务需求订单

在这两个例子中,指挥都是在两个轴的交汇点处做出的决定,而控制则是传达从这些决定中得出的指挥官意图。意图必须一致、清楚地传递给位于 VPU 两个轴上端口的所有部门。在这两个例子中,这些任务如果能够被很好地执行,就会同时创造净价值和持续的生存能力。

3.3 组织结构

我们认为,图 2 中的两个结构维度具有普遍适用性:指挥网络体现运行责任,生产网络创造价值。这些网络以随机模式发展,具有明显的属性关系,展现出无标度特性,通过特定的社交网络进行合法化(通过更多的策略和理论)并进行管理。组织是一个或多个运行生态系统(operational ecosystem)的成员,每个生态系统都有明确的结构特性。

组织(VPU)结构如图 3 所示,显示了组织 VPU 及与之紧密相邻的(局部)指挥轴和生产轴。该图定义了蜂窝(网状)网络结构并引入了为每个组织提供唯一身份的命名(索引)方案。图 3 中的中间的组织被指定为 $VPU_{j,k,l}$。其中,j 表示运行领域(联邦,生态系统或利益共同体),k 表示领域生产网络中的水平位置,l 表示垂直指挥网络中的位置。组织 VPU 有一个单独的上级 $VPU_{j,k,l+1}$,潜在的许多生产者 $VPU_{j,k-1,l}$,消费者 $VPU_{j,k+1,l}$ 和下属 $VPU_{j,k,l-1}$。在图中,每个生产者、消费者和下属 VPU 实际上可以表示多个活动的邻居。VPU 在其指挥和生产轴上的扇出和扇入是一个非常重要的技术问题,但我们不会进一步研究其相关性。

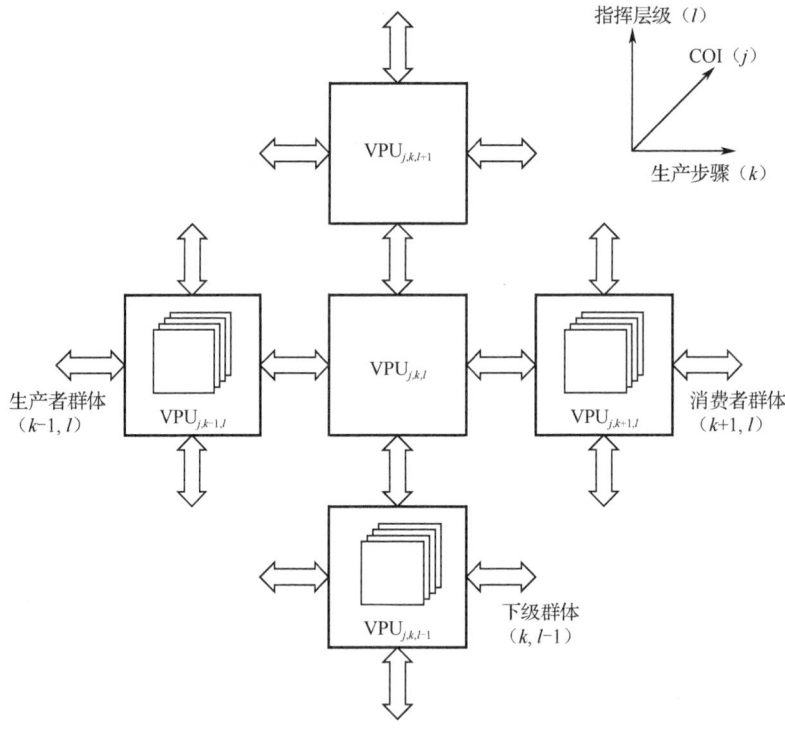

图 3　组织(VPU)结构

3.3.1 指挥网络

垂直指挥轴网络为组织上下级之间提供了连接手段。这样的结构允许资产（通常是财务）和命令向下流动，并且在定义的责任层级内资产回报（通常是财务）和命令结果（效应）相应地向上流动。

例如，美国 DOD-DHS 指挥层级结构如图 4 所示，显示了美国国防部的指挥层级，从在第 5 级（L_5）的美国总统（POTUS），到 5 个下属层级中的第 0 级（L_0）战术部队（部署的资产）。在更高层次上，随着指挥官掌握的权力越来越大，所拥有的知识和能力越来越宽，其指挥观点和后果越具有战略意义。相应的，指挥层次越低，指挥官的权力就越有限，战术活动越多，行动的精度和速度就越高。

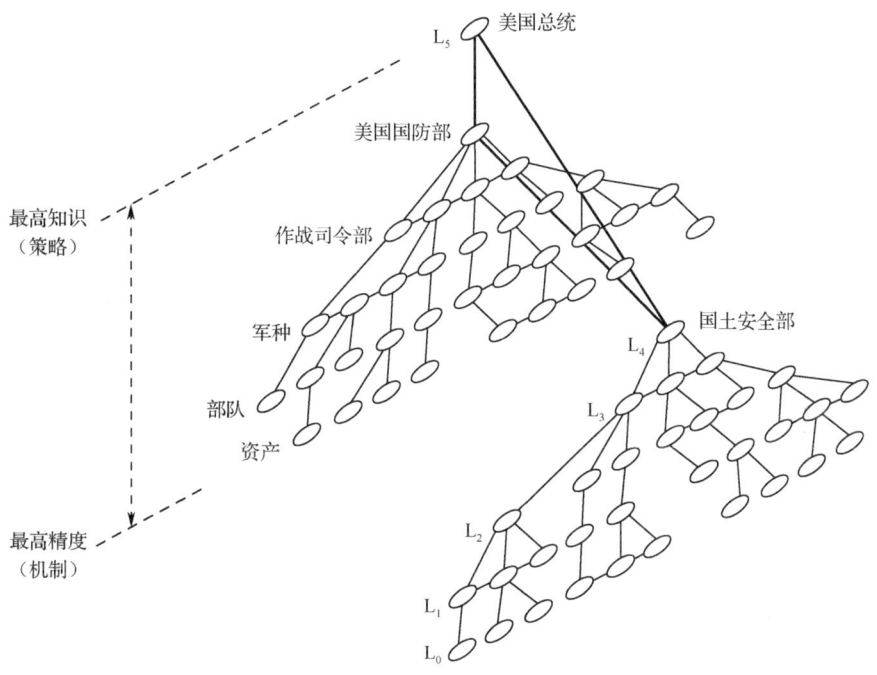

图 4　美国 DOD-DHS 指挥层级结构

六个指挥层级可能不能忠实地反映出任何特定指挥网络的深度。为了保证策略、能力、运行和发现的真实性或精确度，数量更高或更低都是可能的。例如，传统部队命令结构如图 5 所示，显示了传统的美国陆军指挥结构中最上层的七个层级。鉴于陆军本身嵌入到更广泛的美国国防部结构中，如今常常接受联合部队的指挥，因此陆军上下都有正式结构没有在图中显示。

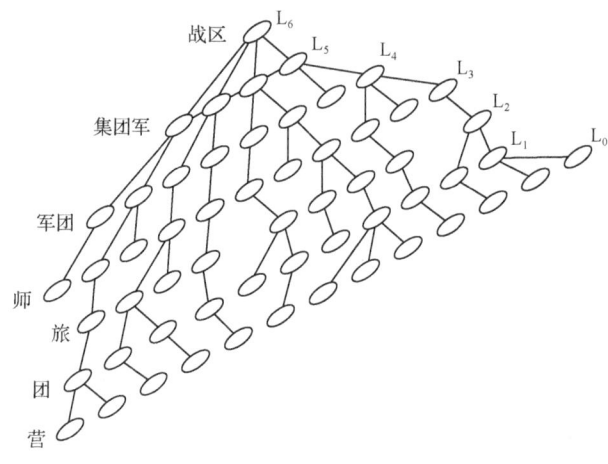

图 5　传统部队命令结构

3.3.2 生产网络

在与指挥网络垂直的方向上存在水平或同级的生产（供应链）轴网络。生产轴网络提供了将与生产者-消费者（物流）相关的组织相互联系的手段，支持一个或多个军事指挥阶段或工业供应链之间的部队和装备有效流动。军事组织——兵力投送如图 6 所示，显示了部队（及其影响）的生产网络，显示了从军种指挥官到战斗指挥官（责任区，AOR）的资产流动情况，以支持其在战区内的兵力投送需求。

工业生产网络执行类似的功能。它们对美国国防部的使命也至关重要。它们提供非战斗专业服务、商用现货供应（COTS）和兵力投送所需的特定军事装备。这种私营部门"承包商"也依赖联邦关系，即它们相互之间的关系及作为军事生产网络的附属要素。

工业生产网络如图 7 所示，显示了三家组织（A、B 和 C）同意形成联邦供应链（工业联合会 ABC）用于生产最终产品。在这个例子中，原材料进入组织 A 的业务单元 AA 的工厂 AAB 中的 AABA 生产线的生产单元（位于 AABAB 层）。该单元级 VPU 生产一个组件，该组件售出后在组织 B 的 BABA 生产线中使用，从而创建一个子系统产品，该子系统产品售出后作为工厂 CAB 中的一个装配使用，其任务是为企业 C 生产最终产品。

在这个例子中，三个 VPU 在各自的组织内（沿着垂直资产链）同时运行，同时沿着多条可能的供应链中的一条进行合作。一些供应链可能寿命很长，而另外一些则可能是临时的。供应链的性质取决于管理其创造价值主张的性质。

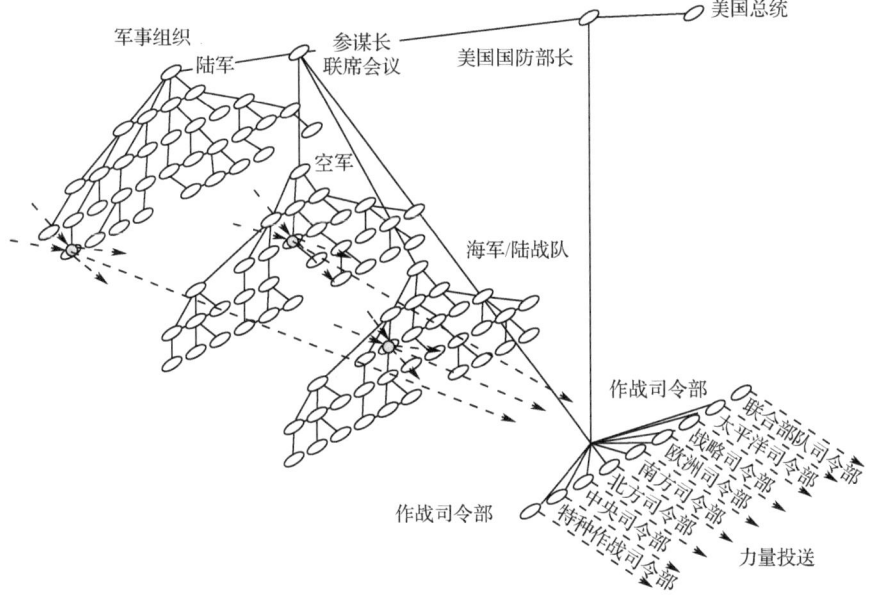

图 6 军事组织——兵力投送

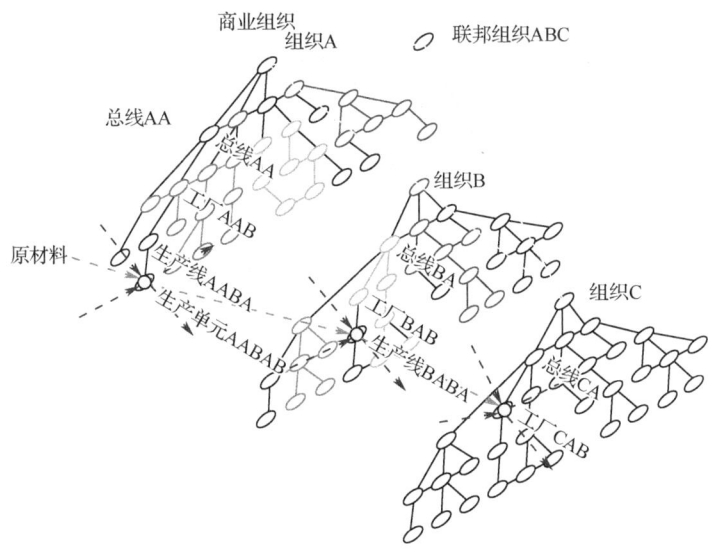

图 7 工业生产网络

军事-工业组织联合体如图 8 所示，联合了军事和工业生产网络，形成了一个更高层次的军事工业体系[①]，在兵力投送任务中共同支持作战指挥。图 8 虽然简化了，但却能够显示出军事组织所涉及的许多 VPU，并且促使人们寻求组织指挥与控制系统和服务，以便能够实现统一指挥并对复杂结构实施有效管理。

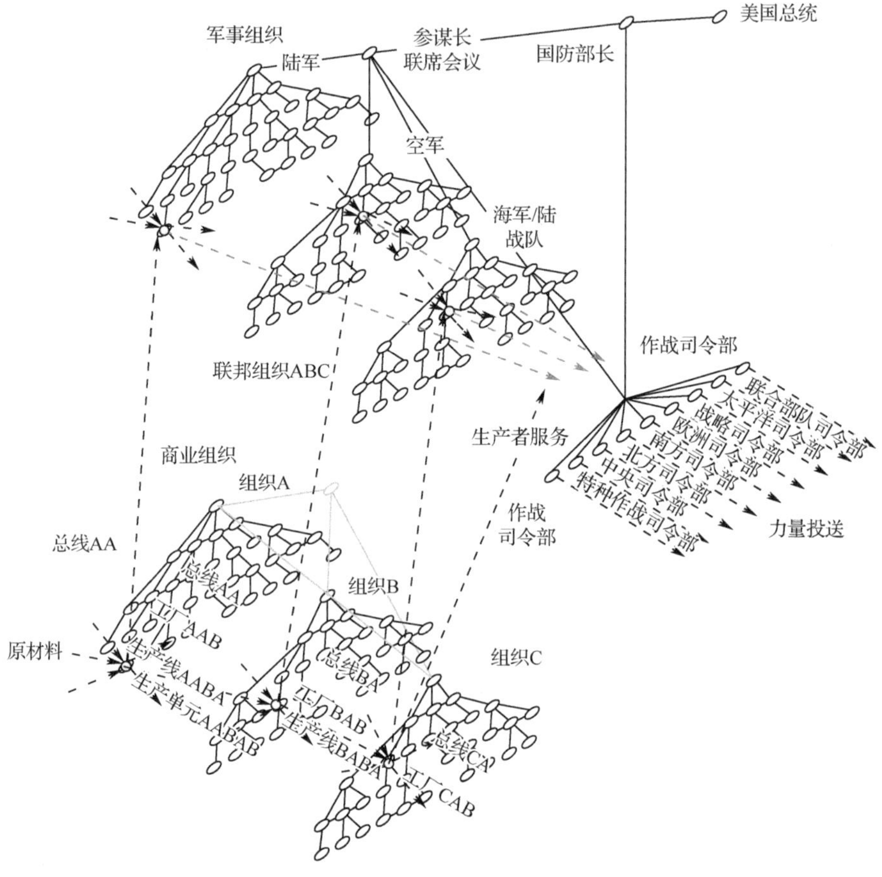

图 8　军事-工业组织联合体

---

① 德怀特·艾森豪威尔总统命名的"军工综合体"。

3.3.3 联邦组织——利益共同体

组织不是孤立存在的,而是参与一个或多个生态系统、联邦、领域或利益的共同体(COI)。联邦包括正式和非正式两种形式,成员在联邦中努力发展,实现自身和联邦的利益与价值主张。VPU 管理在平衡自我和联邦价值主张方面的作用,对于个体组织和联邦的可行性至关重要。

杰斐逊主义被称为自由社会的公理,根据其原则,联邦成员被认为是主权(半自治和自我调节)实体。制度设计使其成为一个或多个联邦可行的和唯一可识别的成员(原则#1),成员接受联邦法律对其进行管理(原则#2),并愿意为整个联邦组织的使命、目标和宗旨的一致行为做出各自的贡献(能力)(原则#3)。

多联邦中的成员为图 3 所示的 VPU 模型增加了第三个维度。多个利益共同体(COI)如图 9 所示,VPU 可以在多种情况(如情况 A、情况 B、情况 C 和情况 D)中运转。在每个联邦的指挥轴上,VPU 既可以作为上级(如情况 B),也可以作为下级(如情况 A、情况 C 和情况 D)。然而,在所有情况下,在联邦生产轴线上(未显示)VPU 既是生产者也是消费者。

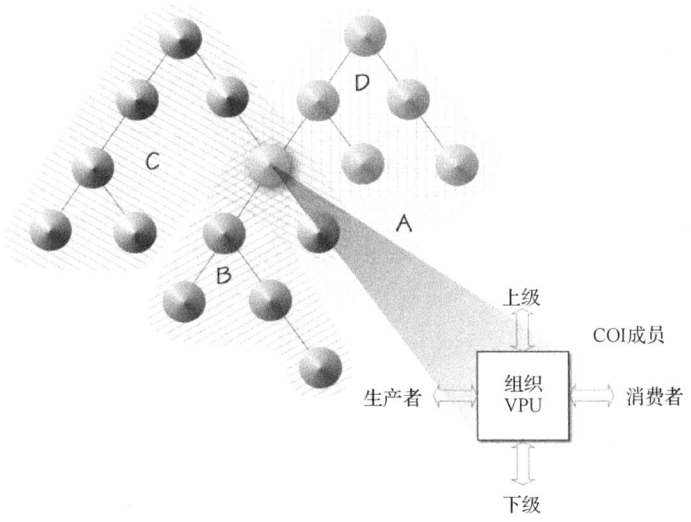

图 9　多个利益共同体(COI)

我们将在后面的章节回归到指挥与控制的多领域方面。目前,读者应该关注 VPU 管理过程的多任务性和实时性,以及在领域和特定领域活动之间（如背景切换）不断移动的相关要求。要有效地做到这一点，当其注意力必须切换到另一个域中的更高优先级的任务时，需要 VPU 记住每个参与者的当前状态，以便在返回时可以在时间相关、信息无损、一致的情况下正确地选取执行线程。此外，VPU 管理者（指挥官和官员）所在的指挥飞地（桥）必须对不同情况、任务状态、任何冲突和所有相互依存关系保持恰当的视图。

指挥部要监控的两个重要的背景敏感问题包括可能制约其特权的特定域规则（策略）和每个域中 VPU 之间共享的资产（能力）。组织和所属的联邦可以在广泛的策略（交战规则、民事法律、军事条令、质量标准等）下开展活动，并且可以与部分或全部盟友分享部分或全部能力。与一个联邦有关的策略可能不适用于另一个联邦，或者两者确实可能发生冲突。在一个环境中可以共享的能力可能不能在另一环境中共享。策略也可能会影响能力。在这种情况下，策略验证和资产调度机制可能会相当复杂，但必须是组织指挥与控制系统的正式组成部分。我们将在后面的章节中就基于策略和能力的指挥与控制作用和功能进行详述。然而，作为基础，我们从一个重要的前提——组织身份标识开始介绍。

3.3.4 组织身份标识

联邦组织可以通过在所属联邦中的相对名称（逻辑地址）来作为唯一标识，其中之一是 "家"或"根"联邦。根联邦是一个组织最初建立时所处的生态系统，组织从中获得独特的身份标识，也可以在系统中终其一生。在不同的利益共同体（COI）背景中切换如图 10 所示，$VPU_{j,k,l}$ 是第 j 个联邦中的价值生产单元根符号，在联邦的命令层级中的第 l 级和联邦的生产链中的第 k 位中运行。在指挥轴上，$VPU_{j,k,l}$ 是 $VPU_{j,k,l+1}$ 下级，也是 $VPU_{j,k,l-1}$ 的上级，对两者都负有责任。在生产轴上，$VPU_{j,k,l}$ 是一个生产者或服务提供者，既为 $VPU_{j,k+1,l}$ 提供服务，又是 $VPU_{j,k-1,l}$ 的客户且因此依赖于 $VPU_{j,k-1,l}$。

如图 9 所示，一个特定组织通常运行在多个不同的利益共同体（COI）中。如图 10 所示，位于中间的 VPU 在四个利益共同体中标记为 "$j = 1,\cdots,4$"。在任何时刻，中间的组织都可能参与每个背景下的多数态势评估、规划和计划执行活动，组织在各自的服务层次协议、策略和资源下运行。在某些情况下，策略和资源在所有的利益共同体之间共享；在有些情况下，它们是分开的。在某些情况下，资源可能适用于所有的利益共同体，而在有些情况下，资产可能会被分割并进行单独维护。因此，处于中间位置的 VPU 的组织指挥与控制服务必须清楚地区分所处的不同的利益共同体，在不同的利益共同体中进行"背景切换"时要采取有效的区分方式。

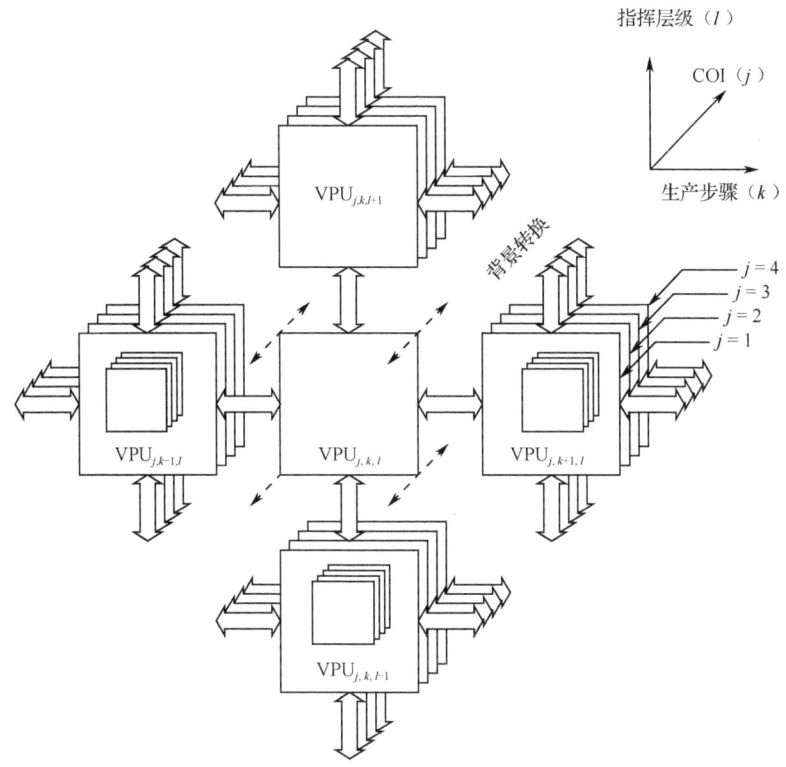

图 10　在不同的利益共同体（COI）背景中切换

我们认为，在各个领域之间（通过域之间的背景切换）的切换是建立和保持机构意识、保持敏捷性和尽量减少竞争情况及应对计划之间的混乱的必要方式和关键因素。我们在"组织指挥与控制执行属性"一章中会对这个重要的理论和操作问题进行阐述。

例如，考虑美国国防部和国土安全部在国土安全问题上的关系。美国国防部和国土安全部的指挥网络如图 11 所示，美国北方司令部在美国国防部的根利益共同体中运行。同样，美国的基础设施保护局在国土安全部的根利益共同体中运行。

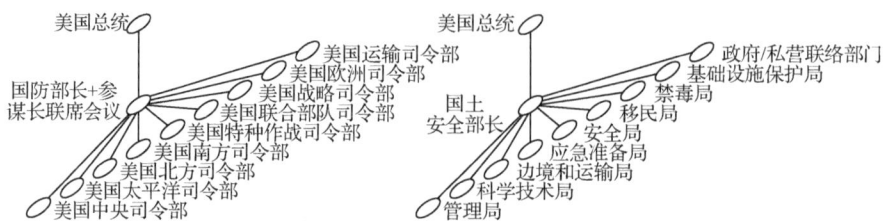

图 11　美国国防部和国土安全部的指挥网络

美国国防部-国土安全部机构间合作如图 12 所示，美国国防部北方司令部不仅服务于国家国防需求，还为国土安全部负责应急准备和基础设施保护的部门提供直接军事支持。由一组利益共同体成员形成的网状网络定义了联邦系统的结构。如上所述，参加任何联邦都可能是暂时的或半永久的。美国国防部-国土安全部联邦组织如图 13 所示，最后通过美国国防部-国土安全部-工业组织的联邦（联合）复合视图（尽管是程式化的）来结束本节。

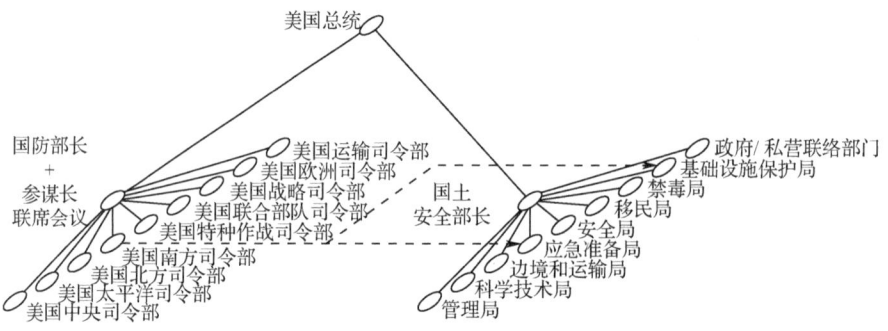

图 12　美国国防部-国土安全部机构间合作

有了这个组织 VPU 模型，我们现在可以着手解决组织管理的两个关键的、互补的方面——指挥与控制服务。由于控制服务是为指挥者提供支持的，所以我们将把这两个方面的内容倒过来介绍。就像为了成为一名飞行员，学习飞行之前，必须先了解飞机及（在我们的例子中，是个很好的船舶"组织"）空气动力学（飞行动力学和控制）。

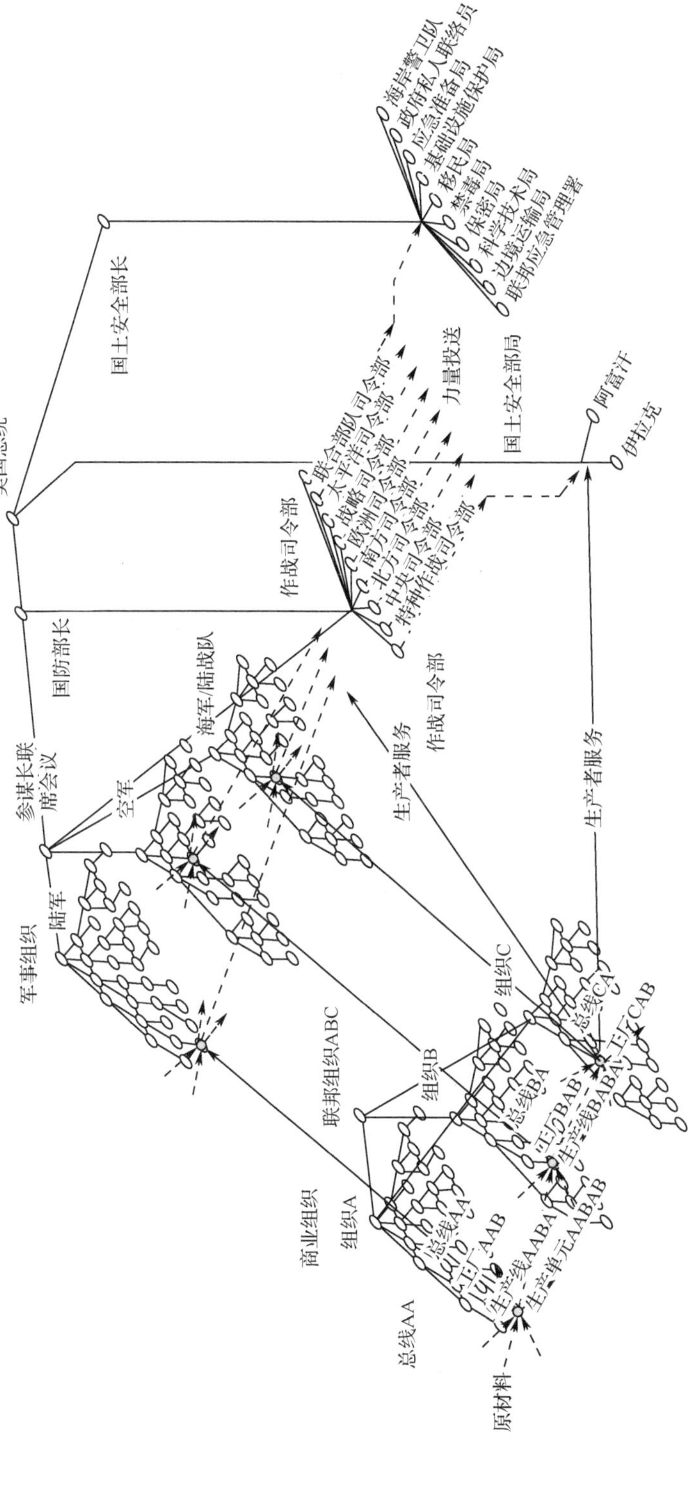

第 3 章 组织的本质属性

图 13 美国国防部-国土安全部联邦组织

027

第4章

组织控制服务

本章介绍实现组织控制的基本过程。我们的目标是将组织控制从艺术发展为科学、技术和运行规则。从历史上来看，负责组织治理的个人已经将指挥与控制（如在战争学院和商学院所教授的那样）定义为"社会科学"，并且遵从第二次世界大战后实践中公认的规范和组织原则。差异来源于管理权威，后者受到政治、宗教、地理、经济条件、组织运行领域（军事、工业、医疗）需求、组织的国内或多国家"接触"及组织创建的历史时代（如工业前革命、后新经济）等因素的约束。

总的来说，指挥与控制包括信息获取、态势探测、识别（感知）和评估、响应和能力规划，以及计划执行和绩效管理等活动。这个过程通常是一个连续或周期性往复（循环）的过程，直到组织终止运行。这个过程是理性组织行为持续存在的必要条件，也是理性组织行为的基础。因此，控制过程为组织行为提供了基础，支持"指挥官的意图"——自觉、敏捷和开明的治理。

4.1 循环控制过程

指挥与控制过程回路如图 14 所示，显示了组织控制活动模型[1]，该模型被称为智能控制器模型。该模型定义了自动化过程的基本性质，如飞机自动驾驶仪、空间探索和工业生产机器人控制器、交通管理系统、自动化金融交易系统等。自反馈系统（大约在 1948 年）出现以来，随着控制论作为系统

---

① 本书的组织指挥与控制理论也体现了其他人提出的概念，包括 Boyd 的 OODA 循环、Lawson 的 C2 过程模型和 Wohl 的 SHOR 模型。

科学的一个公认分支出现，我们已经以不同形式使用该模型从而使任何能被准确表达的事情实现自动化。我们的指挥与控制理论在逻辑上更进一步，在自动化的"食物链"上，将复杂的低级别物理过程的复杂自动化（如石油提炼、发电和无人驾驶航天器）升级到高级的组织管理功能。

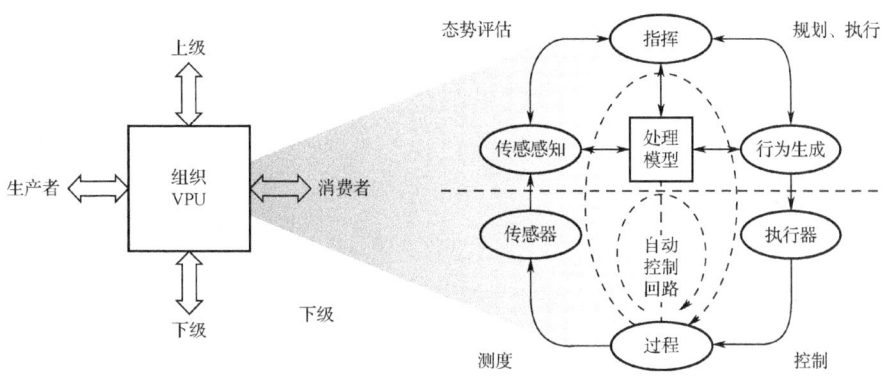

图 14　指挥与控制过程回路

控制以过程（情况）度量为起点，即观察一个或多个潜在的或目前受 VPU 控制的过程参数。通过传感器（例如，压力、温度、视觉、声学、互联网 RSS 源、数据库检索和 Google 搜索等）进行观察。随后处理度量数据（使用滤波、平滑、相关性或估计技术），并通过感官感知功能进行整合。感知结果源于个别或相关来源模式的数据融合检测。事件模式与 VPU 过程、能力和生态系统当前状态的知识（如"过程模型"中所述），为态势感知提供了基础。

态势评估来源于对相关事件态势的认识、识别和优先级（分类）评估，随后分析和选择一个或多个行动过程，并更新相关过程和世界模型参数。这些更新又会触发策略分析（约束、风险等）和可用资源分配（"能力包"）的计划生成功能；然后通过执行器（战机、机翼表面、加热器、金融投资等）执行计划（行动），使过程（态势）接近某个期望的下一个状态。

图 14 中偏下的虚线循环明确了监管（regulatory）控制的步骤，以及在没有人为干预的情况下自动运行 VPU 的自主（自动驾驶）功能。涉及指挥（价值判断）的外部虚线循环表示监督（supervisory）控制的步骤，为管理组织行为提供了人力和自动化智能的手段。监督控制可以影响态势评估的运行（如管理滤波和感官知觉的参数）、建模、计划生成（计划、资源调度和授权）

和行为执行。

与组织概念一致，指挥与控制过程循环在整个三维指挥与控制空间的每个 VPU 中连续发生。分布式组织控制如图 15 所示，联邦组织（网络）内的每个 VPU（节点）负责其自身的生存运转能力（杰斐逊主义原理#1）及对整个联邦使命（杰斐逊主义原理#3）的贡献。这隐含着分布式、协作式、灵活和交互式的指挥与控制这一去中心化的核心结构要求，同时尊重半自主 VPU 中的自主性和主权权威性质。

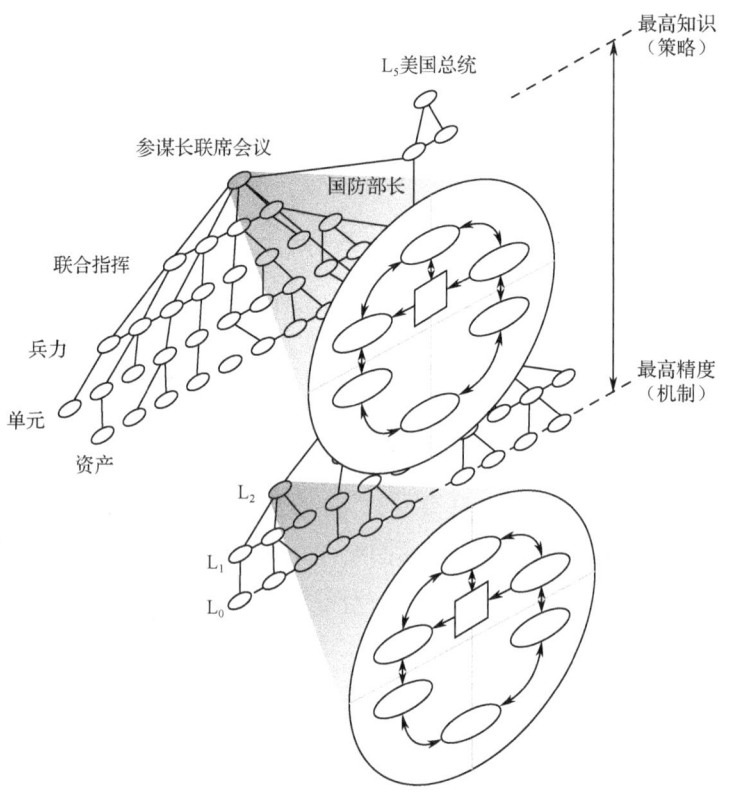

图 15　分布式组织控制

4.2　控制过程

接下来，我们将描述支持指挥与控制过程循环所需服务的功能。这是一个控制服务的概念模型，旨在说明我们的理论。其他模型也是可能的，并且可以采用各种各样的支撑技术。下面的介绍并不是为了说明某个具体的实现方式，而是提供了一个合乎逻辑和务实的分解过程，与组织指挥与控制理论相一致。

指挥与控制应用服务如图 16 所示，控制处理步骤如表 2 所示。图 16 及表 2 介绍了能够实现图 14 中所表示的控制回路的组织指挥（决策）和控制过程步骤（指挥与控制应用服务）。此外，这个表述是理论性的，旨在表达组织指挥与控制理论所需的核心功能，其他范式也是可能的。

图 16 确定了从基于原始传感器的观察，到计划执行（影响执行器并将过程推动到某个预期的下一个状态）的七个关键处理步骤。这七个步骤分为三个连续的执行阶段，提供态势评估、计划（响应）生成和计划执行。

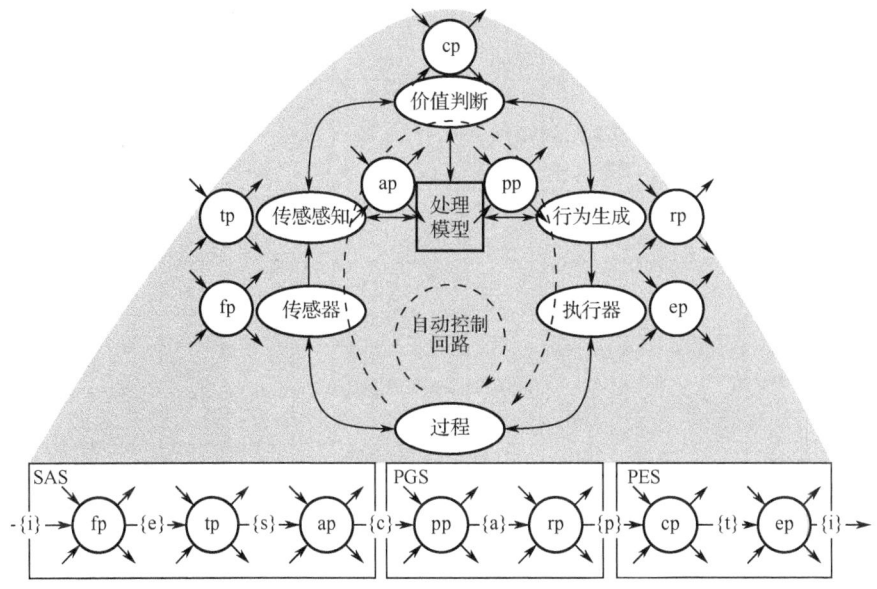

图 16　指挥与控制应用服务

注意：用于标识每个指挥与控制处理步骤的圆形符号包含多个进出服务的箭头。向内的箭头表示来自多个相关信息发布者的订阅，向外的箭头表示发往各个订阅者的信息。其含义是特定 VPU 的个别指挥与控制服务步骤可以参与其他 VPU 的指挥与控制过程。虽然 VPU 指挥与控制服务的主要作用在于指导自己的自主行为，但借助于额外功能或"附加"信息，也可以同时协助对其他更大规模联邦组织内的 VPU 实施管理。或者说，它可能希望或要求通过获得其他指挥或生产链分支机构的特定服务来实现其目标。这一观点与美国国防部的"任务、发布、处理和使用"（TPPU）的网络中心通信战略是一致的，也是对该战略的有益补充。

表2 控制处理步骤

控制过程框架阶段		阶段服务	阶段输入	阶段输出
SAS —{i}→ fp →{e}→	过滤过程	处理信息源反馈{i}，识别感兴趣的信息对象，以产生随后的预警和事件{e}	信息源{i}，包括RSS、网络服务、数据库、音频、视频和数据源	预警和事件对象{e}
—{e}→ tp →{s}→	分类过程	处理序列预警和事件{e}，识别和VPU当前任务相关的态势对象{s}	预警和事件对象{e}	态势对象{s}
—{s}→ ap →{c}→	分析过程	处理识别的态势对象{s}，将其与一个或数个潜在的活动方案相关联(COA){c}（将要随后响应）	态势对象{s}	COA对象{c}
PGS —{c}→ pp →{a}→	策略过程	识别管控COA{c}的所有策略，评估一致性和风险，将可能的COA减少到单个行动计划(POA){a}	COA对象{c}	POA对象{a}
—{a}→ rp →{p}→	资源过程	识别POA{a}需要的资源，以正确地"资助"它，使其成为可执行的记录计划(POR){p}	POA对象{a}	POR对象{p}
PES —{p}→ cp →{t}→	指挥过程	授权新的POR{p}，通过开发新的调度计划或者发布新的任务命令(TO){t}，使其能融入当前活动	POR对象{p}	TO对象{t}
—{t}→ ep →{i}→	控制(执行)过程	执行授权的TO{t}，包括同步共享资源，产生基于效果的结果{i}	TO对象{t}	信息对象{i}

在以下章节中，我们将概述这三个阶段的基本功能及其在各自处理步骤的作用。

4.2.1 态势评估服务（SAS）

一般来说，态势评估包括观察（测量）、意识（识别）和分析（理解）等过程。本节将这些概念进行规范化，以确定以网络为中心的态势评估服务（SAS）的核心目标。态势评估服务阶段是其他组织指挥与控制服务的第一阶段。

态势评估服务如图 17 所示，详细介绍了态势评估服务（SAS）阶段的信息流。当信息流经中心轴，三个功能串行处理特定 VPU 的信息。过滤过程将信息列表{i}转换为事件列表{e}。随后，分类过程将这些事件列表{e}转换为已识别的态势列表{s}。最后，分析过程将新的或演变的态势转换为候选行动方案{c}的形式。每一步的概述如下。

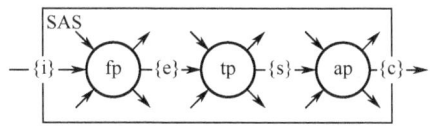

图 17　态势评估服务

1. 过滤过程（Filter Process，fp）

从控制过程的指挥控制循环底部开始，信息列表{i}[①]形式的数据通过订阅（推送）和网络服务（拉动）被传送到过滤过程（fp）中。过滤用于识别 VPU 感兴趣的事件列表{e}，特别是与满足特定运行要求的态势相关的事件。一般而言，过滤过程涉及三种类型的数据：与 VPU 的运行背景相关的、泛化的、本质上没有预期的信息，代表当前跟踪现象的、更新的预期数据，以及来自客户和上级的任务订单。过滤过程被视为基于规则的应用[②]，在执行事件识别功能时，寻找与单个输入流及多个输入流相关的模式。

2. 分类过程（Triage Process，tp）

随后将过滤事件列表{e}输入分类过程（tp），利用模型数据库，将与当前运行背景相关的事件序列转换成与当前和紧急态势状态有关的态势列表{s}。分类功能查看单个输入流中的事件，并将各输入流中的事件关联起来，

---

① 我们的符号约定是,在流程的各个阶段将各种类型的信息列表表示为{……}。
② 基于规则的应用通常是一种软件设计模式，它利用自适应（如果……则……规则，即谓词逻辑）来管理应用的处理逻辑。

以决定已确定情况的状态变化和可能出现的新情况。后一种功能为 VPU 的预测行为提供了基础。与过滤过程一样，分类过程也可以被建模为一种自适应（如基于规则）的应用。

3. 分析过程（Analysis Process，ap）

态势评估的最后一步是通过分析过程（ap）来实现的，该过程利用态势数据库①将态势列表{s}转换成可能的响应行动方案列表{c}。对于特定态势，可能有零个或多个候选行动方案。如果态势数据库不包含对特定态势预先计划的响应，则分析过程必须激活一个人为的计划应用程序，从"头"开发行动方案。如果有多个候选行动方案，则必须对其进行价值评估（根据态势的关键性、策略和资源需求的标准进行）并提交给计划生成阶段。

如上所述，态势评估服务（SAS）包括过滤（或融合）过程、分类过程和分析过程，以协助 VPU 指挥员实时或在有限时间内回答如下战术问题：

- 我们做得怎么样？（关于总体任务和现行计划的各个方面）
- 我们的状态是什么？（关于整个部队的资源管理、多领域计划的实施，以及各种时间表问题）
- 自从上次接到通知以来发生了什么变化？（如预期外管理、MBO）
- 我缺少的数据中是否存在连贯的模式？（感官知觉）
- 我是否记得导致这种态势的原因？（历史背景）

态势评估阶段应该通过搜索指挥与控制决策背景相关信息的能力来提供意识，例如：

- 在使命背景下，这个决定的"价值"是什么？
- 是否有新的信息与当前的交战规则有关？它们是如何在战场条件下做出改变的？
- 我的资产和能力是否足以适应目前的情况？
- 在一种情境下使用资产与在另一种情境下使用相比,其价值是什么？
- 这个决定与我需要采取的其他决策的优先顺序是什么？（指挥与控制决策排序）

---

① 一个情景类似于产生一些结果的通用配置。它由成分（资源）列表和一系列生产步骤（算法）组成，当完全合格时，能够产生期望的结果（效果）。

- 我目前的能力状况如何，包括指挥与控制基础设施？（我可以依靠得到的数据吗？）
- 按策略，哪些联合部队指挥部属于这次协作的对象？（这项任务的问责结构是什么？）
- 在整体的使命策略中，这个行动有什么作用？
- 什么策略支配着这个战术态势？
- 这些迫切的战术行动中有哪些资产争夺？

这些和其他相关的问题确定了指挥与控制发生的背景，这需要及时和准确的信息。组织指挥与控制系统将允许组织以共同的方式运作，呈现一个共同的运行视图，提供一种评估（"估价"）部署资产、采取决策及由此行动产生结果的共同手段。

4.2.2 计划生成服务（PGS）

计划生成服务如图 18 所示，提供了组织指挥与控制计划生成阶段的两个主要步骤。这个阶段负责对拟议的行动方案进行策略合规性检查和资源分配。如图 18 所示，这两个功能对于有效指挥（决策）是同时必要的，也是联邦系统中指挥与控制复杂性的核心。

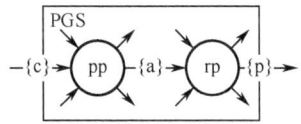

图 18 计划生成服务

行动方案随后进入计划生成阶段（PGS），通过策略过程（pp）进行分析，利用特定背景（联邦或利益共同体）策略[①]数据库生成零个或多个符合策略的行动计划（POA）{a}。然后，利用包含可用资源状态的资源数据库[②]，资源进程（rp）将 POA 转换为零个或多个（如主要和备份）记录可执行计划（POR）{p}。一个 POR 出现并被转移到行为执行阶段（PES），其指挥过程

---

① 策略是一组管理策略域行为的约束条件。
② 资源是可用于"资源化"待定行动计划的任何消耗性或可重复使用的资产（人员和物资）。

（cp）负责计划调度（包括必要时重新安排目前正在执行的计划）和授权，包括任务订单{t}形式的任务分配，用于后续调度到执行过程（ep）。最后，（ep）负责将信息和任务订单（信息列表）{i}发送给当前利益共同体背景下的联邦资产和供应链VPU。

响应行动方案列表{c}以"无限制"的状态到达计划生成阶段。它们是基于VPU环境中展开的事件序列活动而制定的通用行动方案。行动方案还没有被当前的运行策略（如交战规则）所限制，而且还没有被分配行动所需的必要资源。计划生成阶段负责策略合规性检查和资源分配。

1. 策略过程（Policy Process，pp）

PGS策略过程（pp）提供两种主要服务：
（1）建立并维护VPU及其联邦的策略域。
（2）验证所提出的行动方案是否可用于这些领域（即符合这些域的要求）。

如果可以验证行动方案符合现有的VPU和联邦策略，则将其作为可行的行动计划（POA）{a}发布到资源过程中。

如果验证失败，则将行动方案提交给VPU的指挥人员（监督控制或价值判断级）以供进一步考虑。指挥本质上有四种选择：

- 指挥可以接受与策略例外情况相关的风险并继续。
- 指挥可以向其上级机关申请修改或额外执行现行策略。
- 指挥可以修改行动方案以达到更高程度的一致性。
- 指挥可以完全拒绝行动方案，要求分析过程制定改进的行动方案。

2. 资源过程（Resource Process，rp）

PGS资源过程（rp）负责在VPU内或在较大的联合环境内，查找在行动计划（POA）{a}中指定的资源。当找到必要的资源时，这些资源将被"保留"给POA，将其转换成可行的记录计划（POR）{p}。随后，将POR传递给指挥过程并进行最终审查和授权。但是，如果找不到所需的资源，计划必须推迟，一个或多个当前正在执行的计划必须推迟并被迫放弃其资源。做出这些决策是在指挥员的职责范围内的。要么VPU拥有必要的资源（能力），要么通过互助协议或联邦内部的其他形式的"租赁"，在特定计划期间借用这些资源。资源一般有两种类型：一种是可消耗的，根据供应链（物流）调度协议进行补充；另一种是可重复使用的，可按规定的时间段进行分配、利用和归还，然后再重新分配。无论是哪种情况，有效的资源管理对于可持续的指挥与控制性能至关重要。资源管理对于通过实现 VPU 的实时性能，从而提高其适应变化情况的能力至关重要。PGS 阶段的结果是将可执行的记录计划（POR）释放到计划执行阶段。

4.2.3 计划执行服务（PES）

计划执行服务如图 19 所示，更详细地介绍了 VPU 的计划执行服务及其两个主要过程。经过策略验证和资源分配的记录计划{p}从左侧进入，首先到达指挥过程（cp），并经过 VPU 指挥官的审查、安排和授权，成为正式的任务订单{t}。任务订单下达给执行过程（ep）并进行分配、激活、同步和监控。

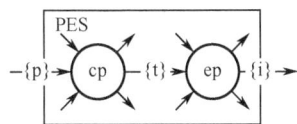

图 19　计划执行服务

1. 指挥（决策）过程（cp）

组织指挥与控制的指挥过程，对所有组织指挥与控制过程的实施行使指挥权。在 PES 阶段，指挥过程的运行作用是明确的，即提供三个关键服务——计划调度、应急计划和授权。

在接收到策略和能力"使能"的可执行记录计划（POR）后，（cp）必须对 VPU 的执行能力进行评估。这包括了解当前的执行计划，以及新计划对资源需求和完成时间要求的影响。

2. 执行过程（ep）

执行部门负责激活和管理授权计划的执行。激活始于向 VPU 内的下属及其借调的联邦 VPU 分派任务订单（任务订单{t}）。执行管理包括在协作 VPU 内串行和并行执行的任务订单的性能监控和任务同步。

执行过程生成的任务订单以信息列表{i}的形式进入下级 VPU 的过滤过程中。接收 VPU 的 SAS 阶段的输出，并按任务顺序直接传递给 PGS 阶段，进行策略合规性检查和资源分配。从这一点开始的顺序如上所述。

4.3 协作

VPU 之间的协作是支持联邦组织系统之间的有效指挥与控制的基本能力。两个或更多 VPU 之间的协作（又名互操作）可能发生在它们各自的指挥与控制服务阶段之间。阶段间协作如图 20 所示，SAS、PGS 和 PES 服务之间可以进行交互，以使组织合作能够就当前态势、共同制定应对计划、合理制定运行管理策略、共享资源和同步安排任务等问题达成共识。

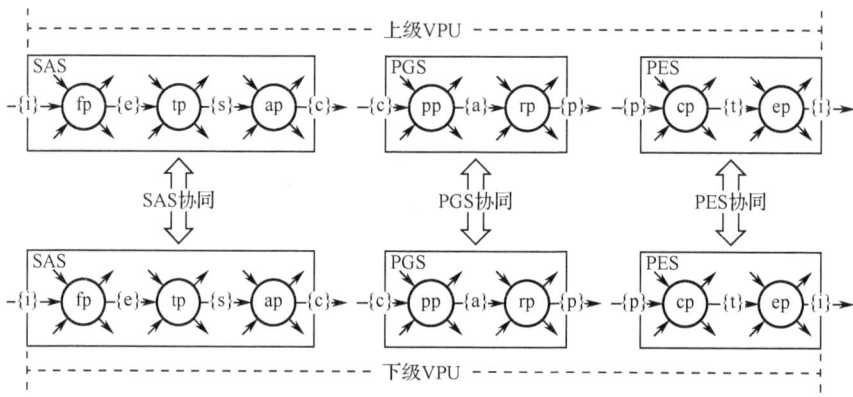

图 20　阶段间协作

图 20 强调了上级 VPU 和下级 VPU 之间的垂直协作。该图也适用于 VPU 与其客户和供应商之间的横向交流。这样的交涉在所有四个 VPU 接口处进行。第 8 章"组织参与协议"主要探讨这些对话的基本属性。

第 5 章

组织指挥服务

本章描述组织如何通过其管理结构执行前一章中介绍的控制过程。无论控制过程的参与者是人还是物，或是人和物的结合，都负责执行组织管理任务。VPU 的指挥人员在指挥服务的帮助下，负责"驱动"组织运行。因此，任何可行的联合指挥与控制理论都有责任明确主要参与者的关键作用、责任和相互关系。下面将介绍组织指挥结构（ECS）及其在管理组织行为方面的作用。

指挥结构也许是指挥与控制理论中最具争议的部分，因为它直接触及最敏感的神经——人类参与者的作用和权威及其在组织（官僚机构）中所界定的权限，并直接影响职业和社会地位的结构。解决复杂的人力资源管理问题并不是我们的本意，组织结构对有效的管理有着深刻的影响。相反，我们提供了一种有效治理的理论，可以依托该理论生成其他类型的组织结构。发展人力资源的能力是每个组织的基本责任。

5.1 指挥结构

组织指挥与控制指挥结构（ECS）模型如图 21 所示，它表示了有效组织的一种工作方式，而不是组织应该如何运行。该模型具有通用性，对于我们的理论来说，该模型是非常有用的，它是描述管理的基本属性——指挥与控制专业及其系统和服务在提高管理效率方面重要作用的载体。

图 21 所示的组织指挥结构来自拥有 40 多年历史的控制论、管理理论、运筹学和人类神经解剖学及其相支撑的认知理论[①]。该图描述了负责组织运

---

① 附录 A 多方面总结了这些概念。

行的主要 VPU 参与者之间的关系。主要指挥与控制参与者如表 3 所示，总结了这些参与者的标签、服务、组织作用和责任。

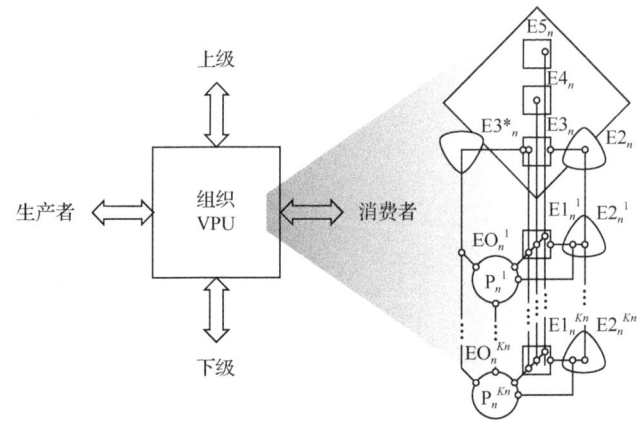

图 21　组织指挥与控制指挥结构（ECS）模型

表 3　主要指挥与控制参与者

标　签	服　务	组织作用和职责
E5	指挥	任务目的和目标、策略和指挥当局
E4	分析/计划	建模、态势评估和计划生成
E3	运行	计划执行和能力管理
E3*	审计	程序和过程性能评估
E2	规整	计划（任务）和资源同步
E1	指导	计划（任务）执行管理
E0/P	过程	嵌入（价值）生成过程

注 1："*"表示特定等级的辅助作用。

注 2：图 21 中的下标"n"表示指挥级别。

注 3：图 21 中的上标"K_n"表示嵌入式 VPU 的数量。

以类似于图 15 的方式，组织指挥结构存在于整个联邦系统中。组织指挥结构如图 22 所示，每个 VPU 都包含自己的指挥结构，且能够进行自我管理。通常位于移动或固定指挥所，指挥结构是半独立运行的行动团体，通常具有高度的自主性。

这些 VPU 参与者包括：

- 代表 VPU 内最高权力机构的单一指挥官或指挥人员（又名主管、主任或经理，表示为等级五，E5）。
- 负责建模、计划和分析功能（如修改和变更管理）的单个导航员或规划人员（又名规划分析员，表示为等级四，E4）。
- 负责授权记录计划执行的单个操作员或操作人员（又名操作执行人员，表示为等级三，E3）。

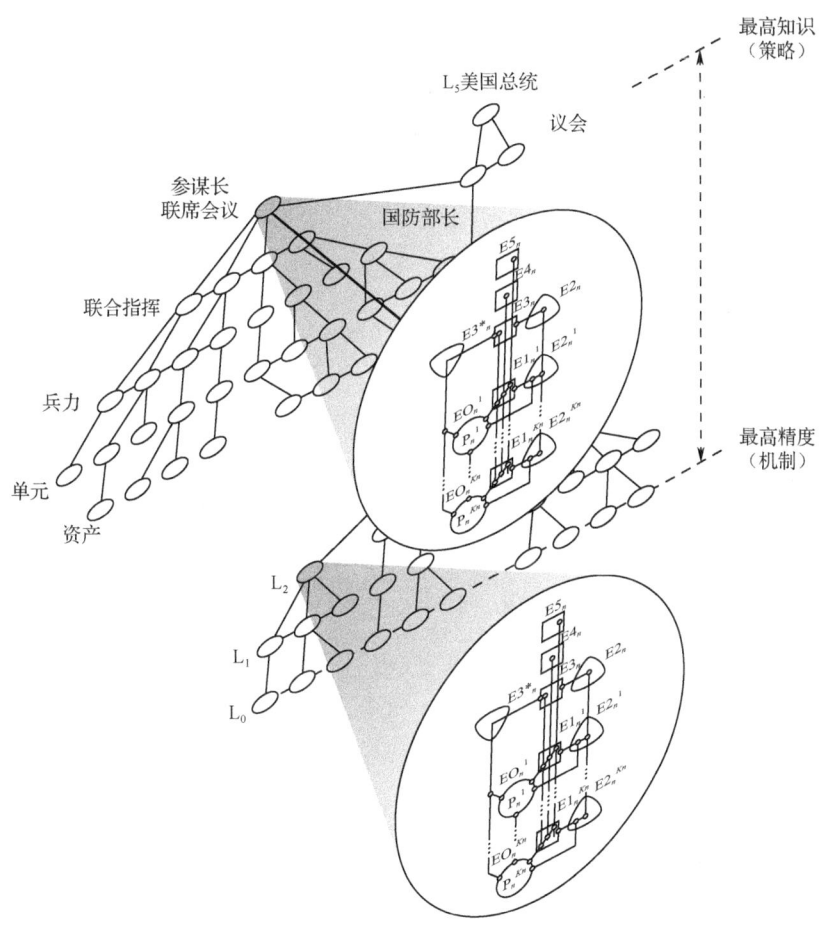

图22 组织指挥结构

无标度组织指挥结构如图23所示，显示了三个图的序列，每个图强调一个序列较低（嵌套）的组织级别。在每个级别上，三个主要参与者（E5、E4和E3）共同处于一个矩形（旋转45°）中，以强调它们的领导作用及其在ECS结构中位置的递归性质。

图 23 的左侧描述了层级 "n" 的组织单位。中间图描述了 "n-1"（即 P_n^1 至 P_n^K）级别，它是 "n" 级别的下属组织，每个组织都是对称定义的并旋转 45°，它们右侧的各自的 "n-2" 级别结构也是这样。在我们的指挥与控制理论中，这种顺序嵌套是 ECS 模型的一个关键特征。指挥概念在整个组织责任层级结构中是连贯、结构化和统一的。这种递归属性是问责制的基础，也是组织自身发展所需的一种合作框架。

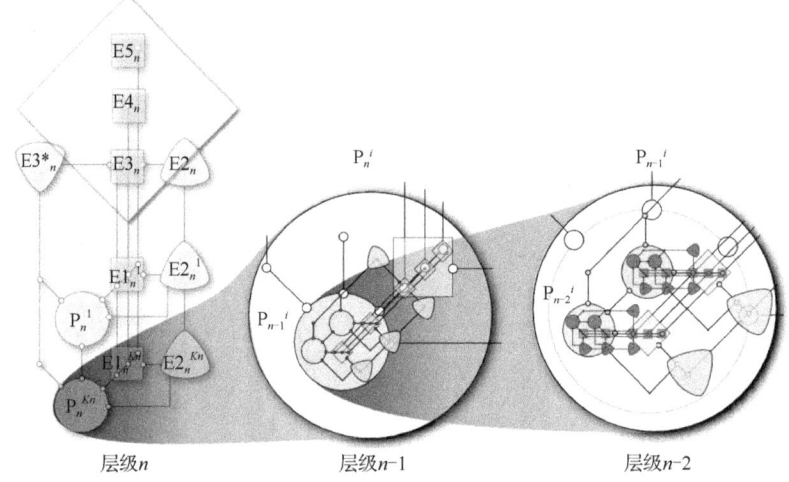

图 23　无标度组织指挥结构

图 23 中，在层级 "n" 的 VPU 控制下存在 "K_n" 个下级过程，标记为 P_n^1 至 P_n^{Kn}。在此提出的 ECS 模型中，此类过程的最小数量为 2（K_n=2），一个沿着指挥轴管理价值生成，另一个沿供应链轴管理价值生成。

除了直接支持三个主要的 ECS 参与者之外，VPU 的参与者还有：

- 内部职能能力的两个或两个以上的下级主任（表示为等级一，E1）（嵌入 VPU，至少一个用于资产链，另一个用于供应链）。
- 负责下级 VPU 同步执行协调任务的监管机构（表示为等级二，E2），该任务必须及时会合或在共享的串行可重复使用资源上同步（提供"激励"或激励控制）。
- 负责 E3 的审核员（表示为等级三星，E3*），负责连续测量和报告下级 VPU 的性能（提供"抑制"或阻尼控制）。
- 两个或更多嵌入式价值生产过程（表示为等级零，E0 或 P_n），由其各自的 E1 参与者管理。

外部指挥环境如图 24 所示。在图 21、图 23 和图 24 右侧定义的 ECS 环，标记为 E3-E2-E1-E3，是负责启动和放大下级过程活动的"激发途径"。左侧的循环标记为 E3-E3*-E0-E1-E3，是负责抑制或减弱下级实体活动的"抑制途径"。我们在"内部 VPU 对话"章节中详细讨论这些循环。正如附录 A 所讨论的，这两个环路协调工作，为组织内部提供了一定程度的动态张力，是控制系统的"阴阳"系统。

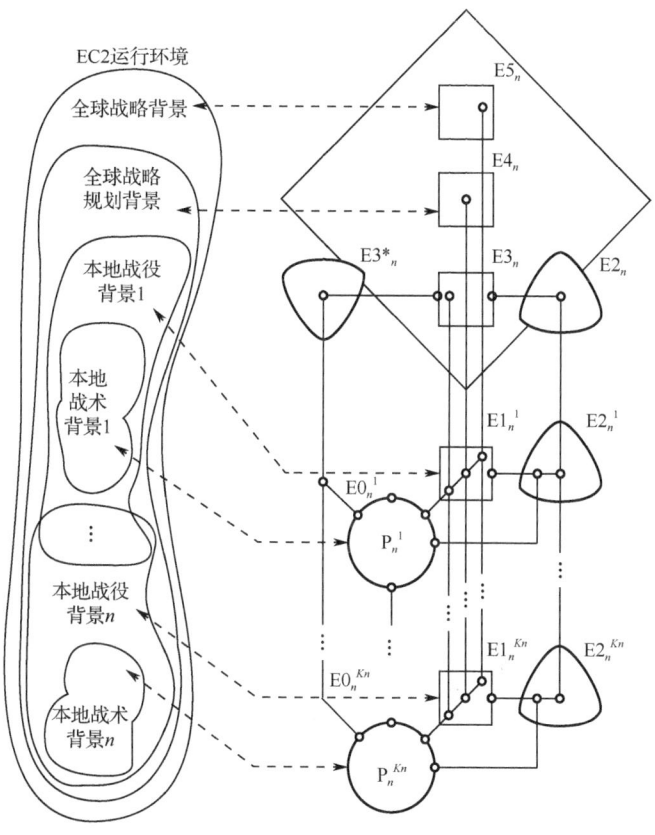

图 24　外部指挥环境

尽管图（参照图 23 中的平面图和图 25 中的三维对应视图）引人注目，但 ECS 模型的一个重要且显著的特征是其固有的通过沿垂直指挥轴递归（自我复制），从而提高或降低组织运行水平。仔细查看图 23 中的分形 $E1$-P_n 结构可以发现，整个 ECS 结构存在于每个指挥层级内。因此，特定级别（如 L_n）的 E1 主任代表下一个较低级别（如 L_{n-1}）的指挥参谋 E5-E4-E3。换句话说，指挥是对称递归、自相似（即分形）结构的。

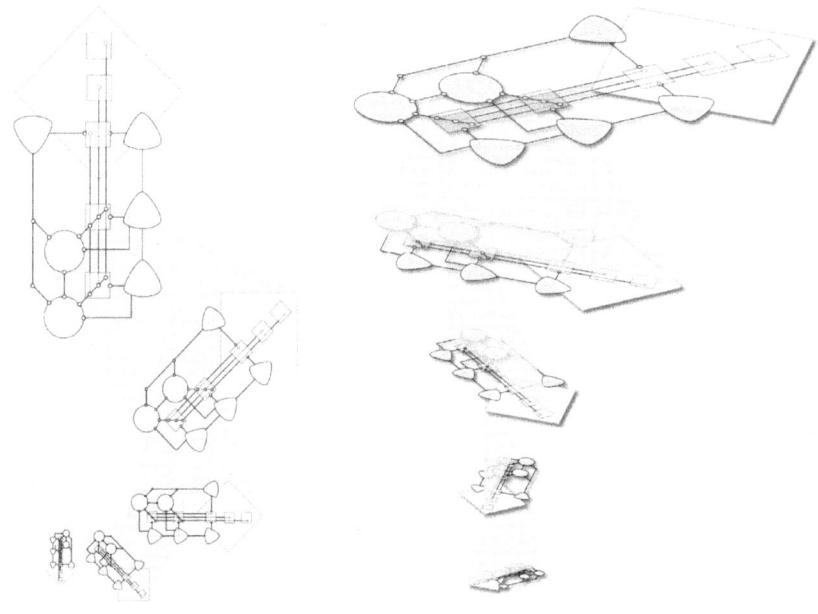

图 25　递归上-下级结构

每个指挥服务都有一个权限范围,并服务于一个责任区域。这些责任既有内部环境,也有外部环境。如图 24 所示,外部环境(图中为战役背景)的范围直接与内部责任相关。指挥服务必须包含适用于支持维护这些嵌套视图的外部通信、信息管理和安全服务。

这种指挥与控制治理结构的递归模型是受自然系统启发得到的,并且具有直接的对应关系(参考附录 A 控制论)。此外,该模式忠于(至少在原则上)传统军事和政府组织及其官僚结构。它还具有技术上的相似性,特别是计算机和网络操作系统(如 CPU 和链路管理)、计算节点管理(如服务器管理)、协调多处理器计算节点执行网格任务(如应用程序服务管理),以及管理各个内核级别任务的方式(如线程池)。出于哲学、技术和实践的原因,我们认为这里概述的组织指挥结构是普遍适用的,并且是一个实用的模型,可以实现组织治理层级和领域中立(无标度)。

治理是有效管理的行动,用于指挥与控制和组织垂直指挥轴、横向生产轴(VPU)相交叉的活动(情境、计划、线索)。在这个交叉点,有效的指挥与控制需要指挥人员之间的协作、及时的态势评估、计划生成和计划执行。因此,每个 VPU 都需要一套通用但已定义好的内部协议,以支持特定利益共同体内 ECS 参与者之间的交互。这些应用级协议,由图 23 中元素相互连接的线所表示，这对指挥与控制理论特别重要，这是在第 8 章和附录 A 控制论中讨论的一个主题。

这种组织指挥与控制方法具有多种成本优势。首先，递归创建了一种结构，即一个级别的指挥设计的应用程序（网络中介的指挥与控制服务）原则上可以在指挥层次结构中高于或低于它的级别进行部署。其次，通过训练组织指挥与控制服务某一层级的指挥官，其效果可以拓展（或缩减）到下一级指挥层级，并在该层级使用指挥与控制的相应概念和机制。再次，组织指挥与控制系统的实施经过了特定指挥层级的验证，在其他层级技术上是有效的。最后，为特定级别编写的文件和培训适用于其他级别，并只需进行小幅调整。这是通用指挥（EC2）方法虽小却引人注目的地方，此外还有其他多个优势。

组织 VPU 可以按照其作为生产者、消费者、上级和下级的参与者顺序（或同时）运行。控制模型必须统一应用于每个参与者。不同指挥与控制模型的出现，尤其是在参与者并发的情况下，会形成非常复杂、令人困惑的指挥结构。此外，在美国国防部和国土安全部的指挥参谋，通常只有 12 至 24 个月不等的短任务期。在特定的军种中，特别是在多兵种作战司令部中，指挥概念的培训和再培训在时间和金钱上都是一项重大挑战，同时也是一个重大的改进提升机会。统一的指挥概念在逻辑上将为机构间合作、资源共享、策略管理和有效协作提供更好的基础。统一的指挥概念可以大幅度缩短培训、记录和认证等相关时间和成本，并且会更好地支持高级指挥官的职业变动，特别是当他们从一个任务调到另一个任务时。

5.2　组织指挥与控制用户界面

组织治理系统中的主要人类参与者是指挥参谋，他们通过单独的固定或移动用户界面（UI）和指挥与控制服务相交互。主要组织指挥与控制参与者如图 26 所示，指挥人员至少包括指挥官或高级组织执行官（E5）、领航员或规划分析人员（E4）、运行人员（E3），以及嵌入式（下属）组织或部门（P_n）的主任（E1）[①]。

---

① 每个参与者（E0～E5）可能代表一个人或者一组人，按照距离分隔开来，或共同位于指挥与控制地域内。

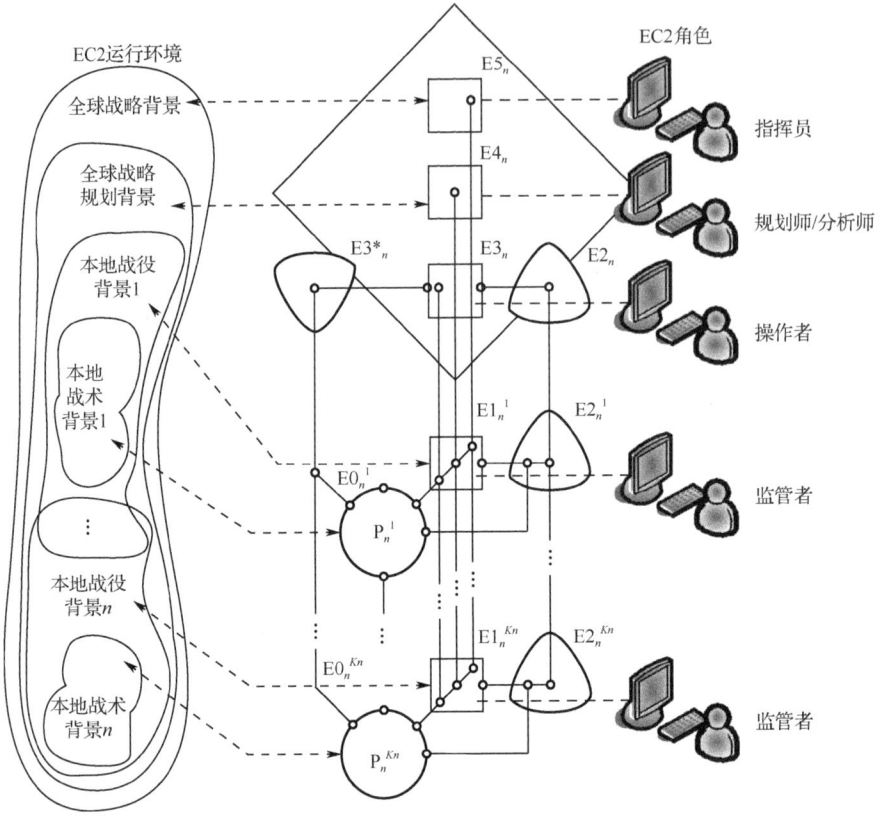

图 26　主要组织指挥与控制参与者

这些用户界面提供了两个基本的信息显示类别：

（1）包含与所有指挥人员及与本地或远程合作者相关的不断更新的信息的"抬头显示（heads up display）""仪表板（dashboard）"或"可视公共信息（visual commons）"。

（2）与每个工作人员在组织治理中的作用相关的个人（工作站）应用接口，通过基于工作站或基于浏览器的用户界面，采取与用户参与者和权限级别相称的指挥与控制行动。以下部分将介绍这些指挥与控制参与者的应用服务。

5.3　EC2 指挥应用服务

结合 CPS 服务（图 16 和表 2）和 ECS 参与者模型（图 26 和表 3），共同构建形成了如图 27 所示的 EC2 桥（EC2 应用"飞地（enclave）"或"桥梁

（bridge）"）的基本特征。飞地是指挥官满足观察、计划、决策和管理其任务执行的实际或虚拟地点[①]。它在概念和功能上类似于舰艇的物理舰桥（如海军舰艇、预警飞机或柯克舰长的"进取号"星舰上的舰桥）。

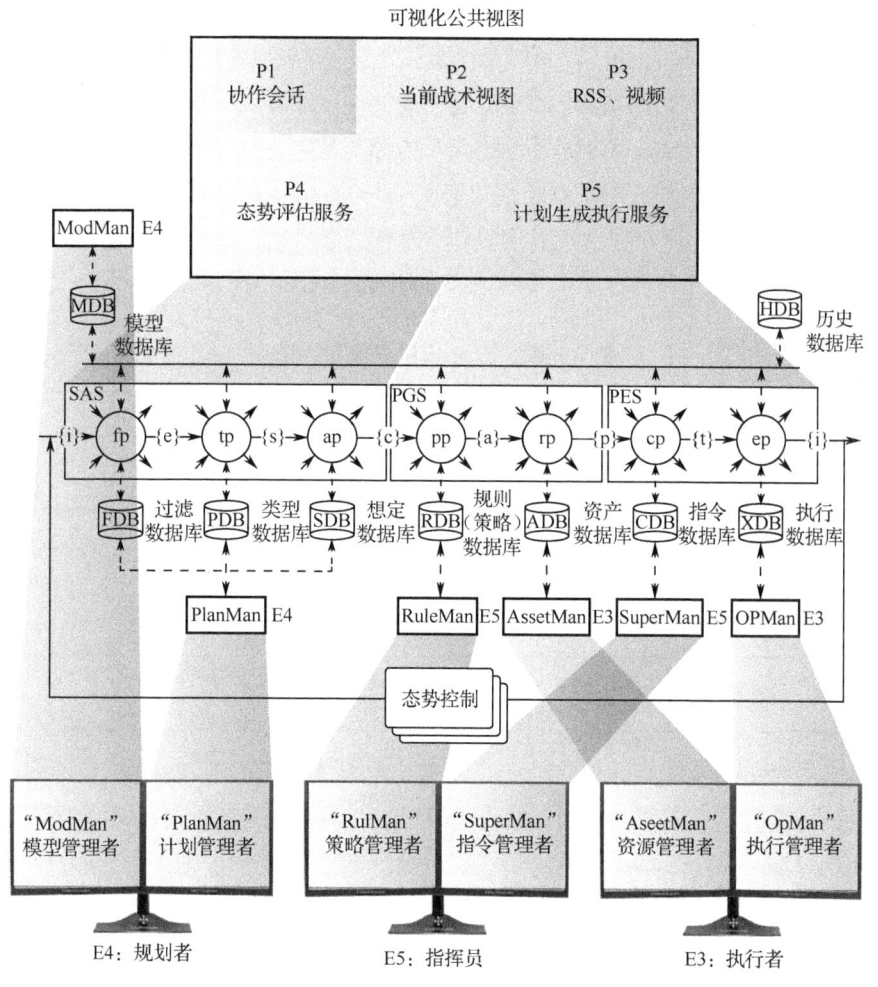

图 27　EC2 桥（飞行甲板）

图 27 确定了主要的终端用户显示，并通过特定的 EC2 指挥应用服务与这些显示关联起来。这些应用服务监管态势评估、行为（计划）生成和执行

---

① 虚拟地点，可能位于"网络空间"，这是一个协作的空间，主要通过网络连接的用户和基于网络（面向服务）的应用服务实现。

的控制过程。基本 EC2 应用程序和数据库如表 4 所示，总结了应用服务功能和数据库之间的依赖关系。可视公共信息（参见图 27）内容如表 5 所示。图 27 和表 5 共同总结了可视公共信息的基本内容，即支持指挥与控制飞地内部和指挥与控制飞地之间协作的共享"抬头显示"。

图 27 是示意性的。这个概念的具体实现可能是与之相比更少或更多的显示。例如，美国国防部指挥与控制飞地如图 28 所示，提供了针对美国战略司令部和联合部队司令部开发的两个指挥与控制飞地及其显示概念示例。轨道交通指挥与控制飞地如图 29 所示，是一个实际的指挥与控制飞地，是为巴西首都巴西利亚的铁路系统 24 小时全天候管理而设计的。电信指挥与控制飞地如图 30 所示，是电信网络运行中心（NOC）。

表 4 基本 EC2 应用程序和数据库

参 与 者	应 用	数 据 库
E5 指挥员	策略管理者（RuleMan） 指令管理者（SuperMan）	策略（PDB） 指令（CDB）
E4 规划管理者	模型管理者（ModMan） 计划管理者（PlanMan）	模型（MDB） 过滤（FDB） 模式（XDB） 情境（SDB）
E3 运行管理者	资源管理者（AssetMan） 运行管理者（OpMan）	资产（ADB） 执行（EDB）

技术的进步和变化要求特定组织在特定指挥级别运行，这将决定不同的桥的概念和实施要求。然而，参与者将继续需要通过应用服务的功能接口来实现和增强其个人和团队的作用，这既是现实需要的，也是合乎逻辑的。此外，相互协作，要求负责管理具有互操作性组织系统的参与者能够获得关于集体决策所在环境（包括时间和空间）的共同信息。

表 5 可视公共信息（参见图 27）内容

显 示	功 能	内 容
P1（UL）	合作	VPU 内部和外部的语音、视频和数据合作
P2（UC）	当前战术图景	活动计划的当前状态和它们处理的态势
P3（UR）	新闻和信息资料	输入信息、视频、音频和传感器资料，网络新闻服务，"关注过程"
P4（LL）	态势评估	过滤、事件检测、态势识别和潜在的行动方案

续表

显 示	功 能	内 容
P5（LR）	计划生成与执行	行动计划、策略状态、资源状况、计划调度和执行性能

指挥与控制飞地具有许多重要的功能，能够为参与者提供一个组织化的、安全的和有技术支持的工作场所。它利用规模经济的优势，将成本分摊到多个活动和多个参与者的需求中。此外，它还将许多不同但却非常关键，且需要协同与更高水平监督和控制的活动集中在一个控制点上。

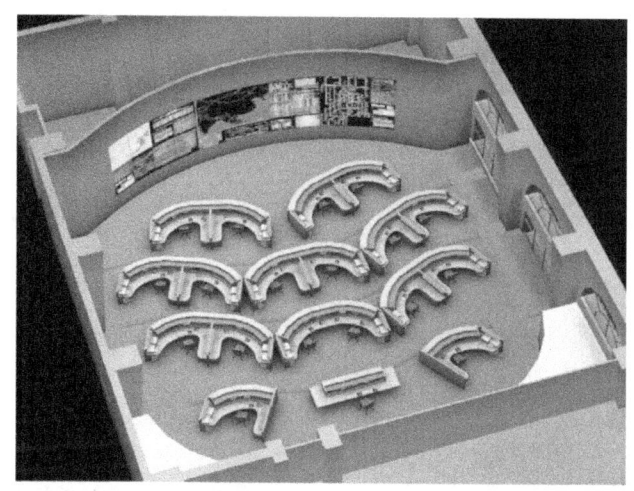

图 28　美国国防部指挥与控制飞地

图 29　轨道交通指挥与控制飞地

图 30　电信指挥与控制飞地

换句话说，该飞地是将 VPU 的任务、战略、目的、目标和在指挥人员监督下"正在进行"的状态、事件、态势、策略、资源、行动（"线程"）统一起来的用户界面。"跨 VPU"活动线程如图 31 所示，这些线程包括指挥轴和生产轴的活动，这些活动在 ECS 和 CPS 服务中不断地"流动"。

图 31 显示了与在特定利益共同体内运行的和特定 VPU 相关的线程。由于 VPU 可能参与多个利益共同体，因此，可能存在由单个指挥参谋管理多个该类活动"线程池"。其中，清晰度和专业程度是关键。

图 31 中，垂直（指挥轴）流由绿色波浪线表示，水平（生产轴）流呈红色。在这两种情况下，流量都是双向的，都是通过七个 CPS 处理阶段从左向右流动。同电信飞地识别及监视语音、视频和数据通信一样，飞地视觉系统必须为其参与者提供相关信息，以帮助其对流量进行清晰识别。观察"跨VPU"执行线程（图 31）是很重要的；但是，从 EC2 的角度来看，能够与它们进行交互和控制才是最终目的。"可控性"要求参与者及其相关 CPS 服务以某种特定和正式的方式进行通信，同时指挥飞地可以发挥必要的控制作用。

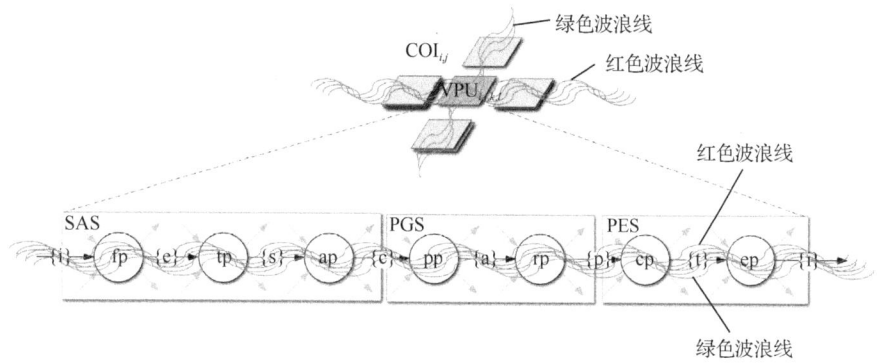

图 31 "跨 VPU"活动线程

5.4 内部 VPU 对话

飞地内部和飞地之间的有效协作，需要参与者之间进行一定形式化的交流。这种形式化来自基于协议的对话。下面的章节将介绍几个主要参与者之间的关键对话，以证明该理论的协议机制。同时，我们介绍了 ECS 指挥模型的其他相关细节。

5.4.1 ECS 指挥模型结构

我们首先对图 23 中介绍的 ECS 模型进行更详细的解读。VPU-ECS 内部结构如图 32 所示。接下来的几节将逐步讨论这些结构及其作用和操作。注意，该模型在每个元素上都定义了内部和外部接口（通信接口或端口）。端口用大写字母（A~Z）标示。表 6 中列出了它们的基本功能，我们将在接下来的章节中提到这些标识的作用。

表6　ECS模型接口特征

参　与　者	接　　口	功能（消息类型）
E5	Y	感知输入模式图更新；
	Z	动作响应（POR）模式图输出；
	N5	异步报警和事件输入
E4	W	全局背景输入和刺激响应，E5感知更新；
	X	全局背景输出和测量刺激，POR输出到E3；
	N4	异步报警和事件输入
E3	P	E4-E5状态报告服务，$E3^*$测量标准；
	Q	E5 POR输入，E4全局背景态势评估；
	R	E1运行态势输入，$E3^*$性能测量输入；
	S	POR输出到E1，同步需求到E2；
	N3	异步报警和事件输入
$E3^*$	K	E3性能测量要求；
	L	$E3^*$性能测量报告到E3；
	M	E0提供的性能测量
E2	D	E0过程的阈值敏感测量，POR更新到E1；
	E	设定值从E1变为E2（通过G）和E3（通过F）；
	F	POR任务完成到E3；
	G	POR任务同步到等级E2
E1	A	对E3的指挥确认和资产要求；
	B	E3的指挥收据和资产分配；
	C	E0任务部署和监管中心；
	O	直接E0控制，资产（E3）链和供应链之间的协调（E0）
E0	H	E0过程监管测量界面；
	I	E1直接控制输入（例如，启动、停止、暂停、中止、复位……）；
	J	E0过程监管控制界面；
	T	$E3^*$过程性能测量界面；
	U	本地外部背景供应接口；
	V	本地外部背景需求接口

请注意图32中的两个位于下属位置的E0过程。如前所述，两个是最低数量的过程，一个服务于VPU的资产链，一个服务于其供应链。一个特定的组织（如美国国防部）可能负责大量的价值生产过程。出于真实性、敏捷性、复杂性和管理能力（如关注范围）的原因，单个组织运行中使用的嵌入式VPU通常少于10个。我们在这里的处理方法是一般性的，并不取决于某个特定数量。

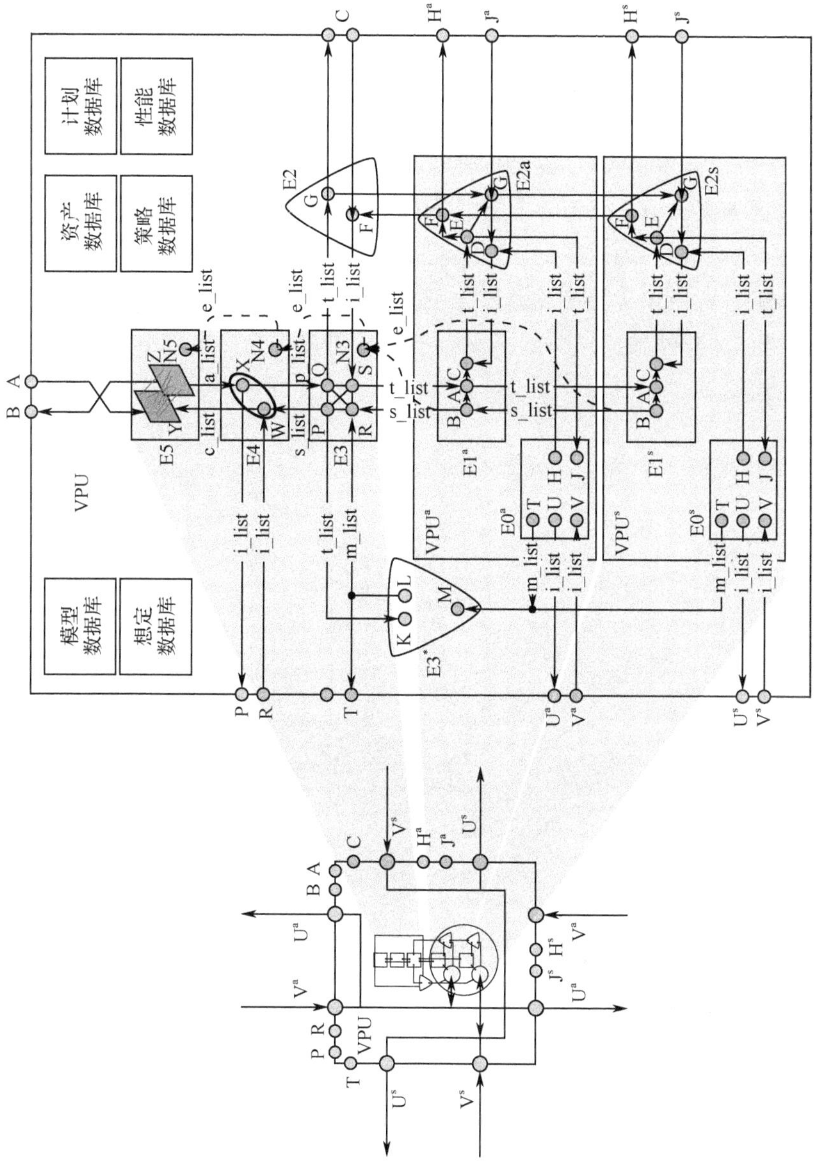

第 5 章 组织指挥服务

图 32　VPU-ECS 内部结构

请注意位于 VPU 外部边界顶部的 A-B 接口。A-B 接口也作为两个内部（下属）VPU 的接口出现。A-B 定义了指挥轴路径。在这里指出这一点，是为了提醒读者注意模型的递归性质。

5.4.2 指挥轴对话框

图 33 突出显示了 VPU 的指挥轴和与任务订单相关的信息流。该图强调了指挥流程的优先级，横跨整个指挥链的所有指挥层级。它还显示了该流程的双向性，为下属组织提供了畅通的对话渠道，让下属组织就所感知的形势、计划、策略、能力和运行状况进行交互。如图 33 所示，该图有意表达了一个"扁平化"的指挥组织，一个允许（鼓励）下属作为一个协作团队进行一致行动的组织。

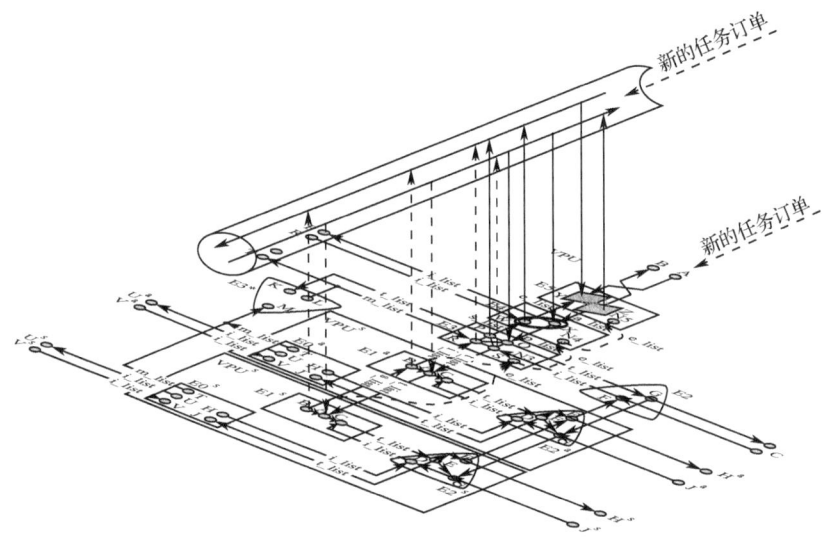

图 33 任务订单

指挥轴对话如图 34 所示，显示了一个 VPU 的平面视图和一条指挥路径（"任务订单"）。订单到达 VPU 的 A 端口，即 SAS 订阅渠道之一。在经过过滤、分流、分析、策略和资源审查后，通过 Y 端口到达 E5。在 E5 审查和授权之后，该计划转移到 E3，并将其复制到 E4 以备记录（历史数据库）。E3 为下属 VPU 创建了相应的任务订单，表示为 VPU^a（资产链）和 VPU^s（供应链）。此时，下属主任（E1^a 和 E1^s）有相应的订单，或者至少已经就其与任务分配顺序相关的单个 VPU 能力进行了沟通。可以推断出最终行动计划的确定是一个不断迭代的过程。

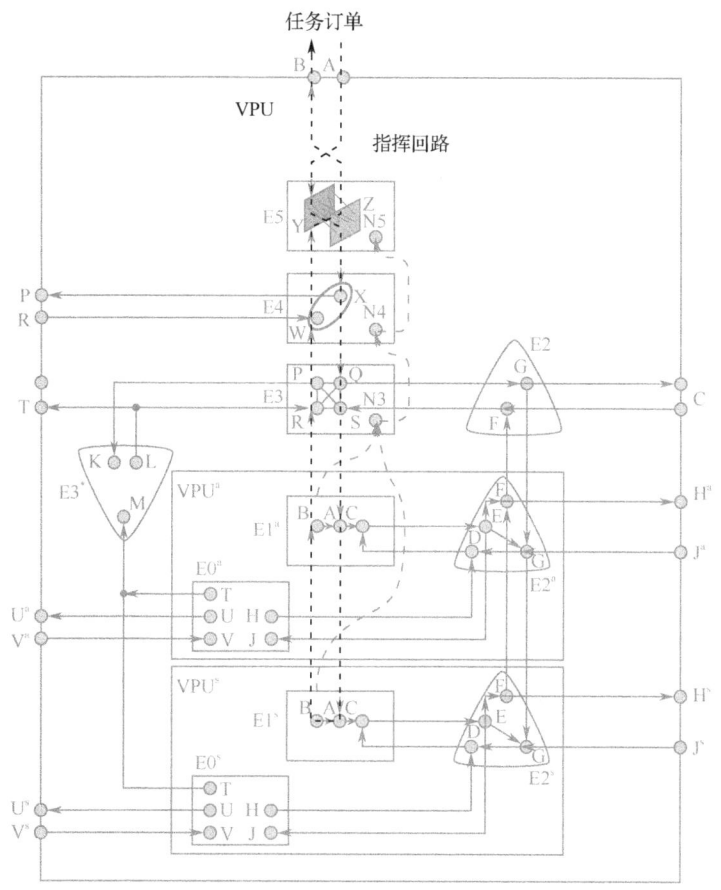

图 34　指挥轴对话

5.4.3　计划和任务管理

假设存在有效的计划，已通过策略过程（pp）、资源过程（rp）和授权过程（cp）并准备执行，需要进行调度和执行管理。监督和监管是执行这些任务的必要手段。

我们并没有描述 VPU 外部接口（VPU 之间的事项）的行为细节。但是，从所提供的材料中，可以推断出相对合理的对话。

过程监督如图 35 所示，图 35 的平面视图显示了指挥结构内的路径，用于表示计划（过程）的监督。这些路径在 E3 处向下级 VPU 分配任务订单，随后接受订单。由此，该路径被激活。其顺序如下：

步骤1：E3通过其各自的A端口向E1管理者发布指令（指挥），同时，通过它们各自的E2监管参与者报告其执行进度。

步骤2：随后，这些监管参与者通过E端口接收状态报告。

步骤3：E2监管（regulatory）参与者可以根据各自的监管任务处理或追加信息至E1并进行状态报告。同时，信息通过F端口上报到E2监管（supervisory）参与者。

步骤4：E2监管参与者整合来自嵌入式VPU的状态，也可能发布（管理）异常报告，将它们转发给E3运行参与者。E2还监视嵌入式VPU的执行情况，以识别和管理存在的资源冲突，完成时间性能或信令同步要求。

步骤5：E3运行参与者产生的任何需要的监督控制输入都会反馈给E1主任。

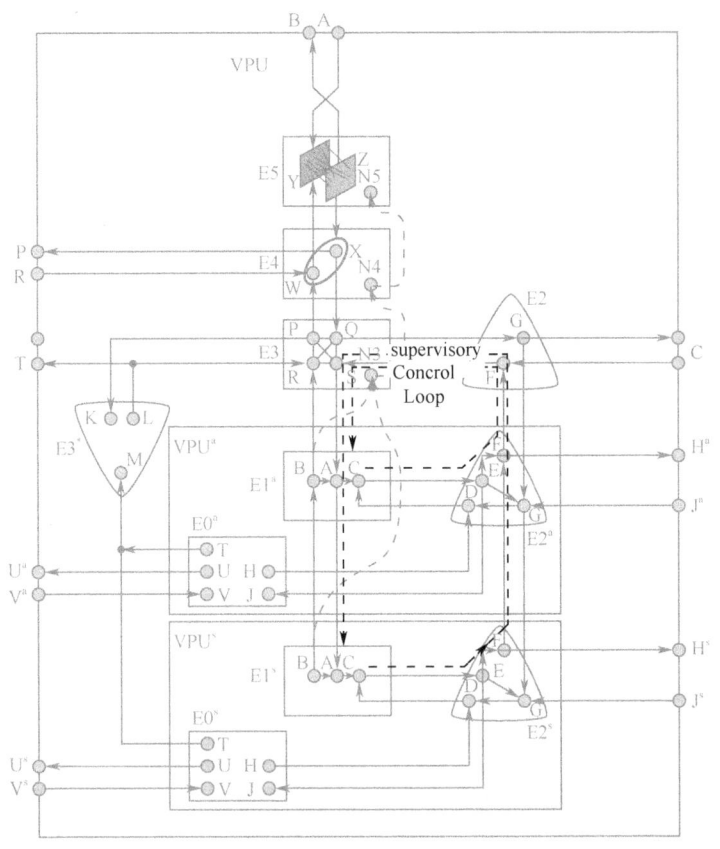

图35　过程监督

对于执行中的每一个计划,这个过程都会连续地运行。

过程(自主)调节如图 36 所示,图 36 中的平面图显示了支持 E2 参与者发挥自主调节功能的对话路径,共显示了三个该类型的参与者,一个用作"容器"或封装的 VPU,两个用于嵌入或封装的 VPU。在向嵌入式 VPU 发出任务订单后,$E1^a$ 和 $E1^s$ 主任分别负责对 E0 价值生成过程的直接(反馈)控制($E2^a$ 和 $E2^b$)。过程很简单,对于 VPU^a,过程如下(VPU^s 与之类似):

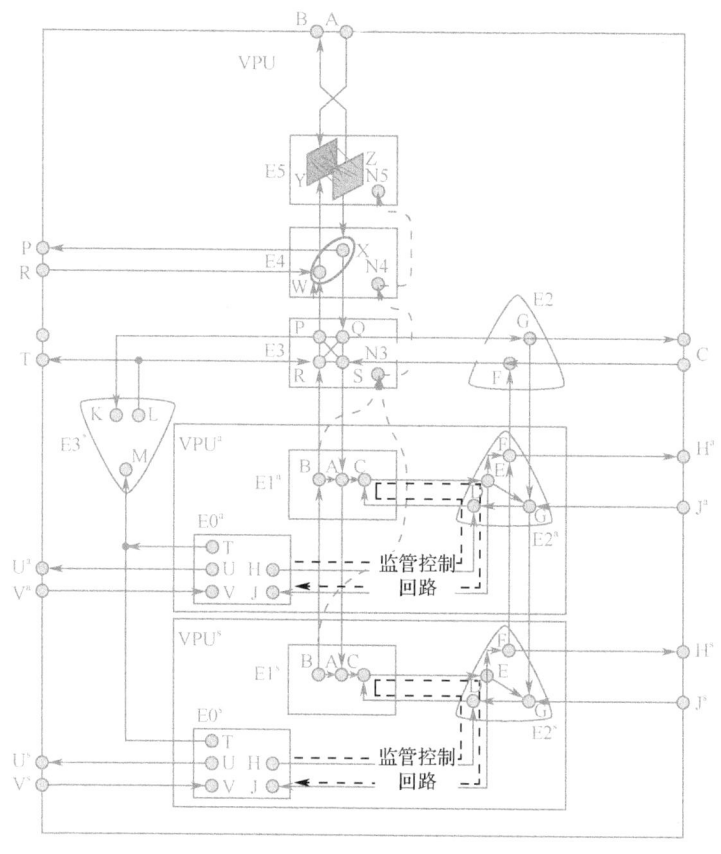

图 36　过程(自主)调节

步骤 1:$E2^a$ 通过投票(拉动)或订阅(推送),从 VPU 获取与其价值生成过程状态有关的 H 端口信息。

步骤 2:$E2^a$ 在其 D 端口上使用该信息,允许其调用 CPS 服务以过滤、分类和分析其测量结果。过程中可能会探测到警报和事件{e},甚至可以发布需要进行响应{c}的态势{s}。

步骤 3：E2^a 将其结果适当地过滤，然后传到其 C 端口上的 E1^a。

步骤 4：E1^a 执行其主管职责，在其 E 端口上向 E2^a 提供所需的控制功能（如运行设定点的改变）。

步骤 5：E2^a 接收从 E1^a 收到的监管控制订单，并在其 J 端口向 E0^a 发布更新的任务订单。E2^a 还可以向 E2 参与者通知状态和发出监管控制订单（通过其 F 端口），以保持系统其他部分的同步。

过程同步如图 37 所示，显示了与 E2 参与者在 VPU 并行活动同步中相关的对话路径。由于三个 E2 参与者的监管，它们知道完成时间要求和内部 E0 过程的当前状态。因此，它们是协调活动的主要代理人，需要在时间和共享资源方面进行协调。对话的内容是这样的：

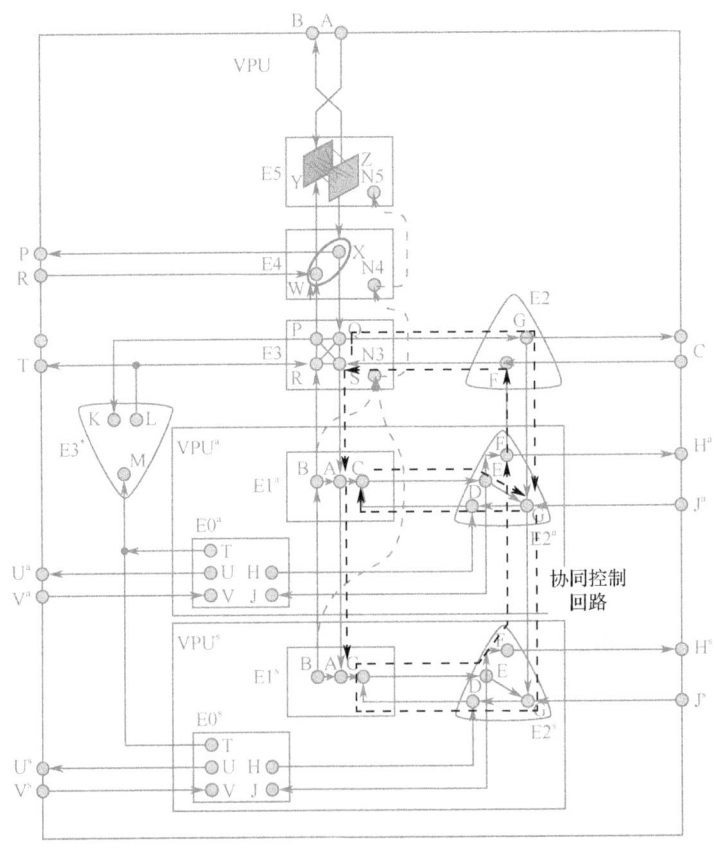

图 37　过程同步

步骤 1：E3 向 E1 主任（S 端口到 C 端口对话框）发出任务订单，其中包含同步点、进程必须会合的时间点、重新安排时间或需要资源的时间点，以满足总体和个别完成时间要求（TUF）。

步骤 2：E3 将这些相同的期望同步点通知给它的 E2 监督代理（O 端口到 G 端口）。E2 依次通知其下属 E2 监管机构（G 端口到 G 端口）各自在性能监督方面的参与者。

步骤 3：作为日常管理参与者（图 36）的一部分，个体 E2 参与者观察（预测）同步（交会）点的发生时机。

步骤 4：一旦发生，E2 参与者向 E1 主任报告并向其他 E2 监管机构和 E3 监督机构报告。

步骤 5：E3 与 E1 主任一起管理这些同步点的预期结果。

上面概述的 ECS 过程是组织指挥模型中所定义诸多行为的一个小示例。该模型所代表的理论与第 1 章介绍的控制处理服务（CPS）的理论是相辅相成的。

总而言之，CPS 和 ECS 模型构成了 EC2 理论的运行基础。但综合起来，它们在一个关键方面存在缺陷。即这些理论并不直接涉及组织性能问题。如果没有性能测量系统，很难想象组织治理（尤其是计划执行管理）如何能够同时在 VPU 内部和合作 VPU 之间以任何形式的客观性、一致性和可扩展性实现和完成。为此，我们引入了组织性能度量服务（PMS）的概念。

第6章

性能度量服务

在外部环境施加约束的情况下，持续度量和评估复杂系统性能的能力，对于组织自我调节至关重要。此外，如果系统在一个或多个利益共同体中协作，度量系统还必须适用于成员之间的相互作用。由于协作 VPU 的属性各不相同，而且往往是独一无二的，因此，度量系统必须使用统一且适用的指标，从而不影响任何一个组织的运行特点。这种中立性是对单个组织及其参加联邦的性能进行客观比较的基础。因此，性能度量服务（PMS）是一个相对的度量系统。

性能度量服务如图 38 所示，介绍了性能度量概念，它是第 5 章中介绍的组织指挥结构（ECS）的有益补充。该图提供了一组用于描述组织性能的中性度量标准，这些度量标准可单独或组合使用。在各自的垂直指挥和水平生产轴评估联邦组织的性能时，这种中立性也是需要的。

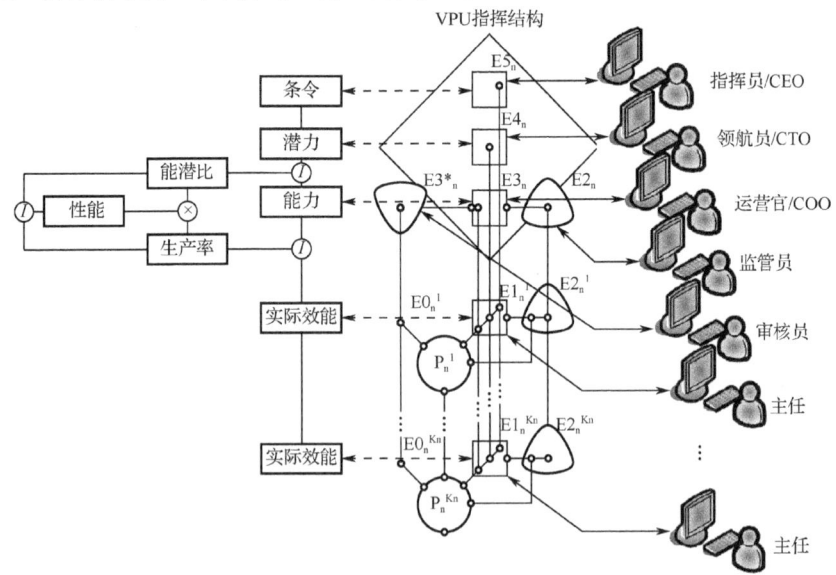

图 38　性能度量服务

PMS 定义了六个关键性能指标（KPI），包括三个独立指标和三个派生指标。该图还描述了组织指挥结构中各自的度量来源。

6.1 潜力

潜力是系统在完全资源化和运行没有功能缺陷(故障)时的架构能力(即最大设计能力)。这个指标通常需要被归一化，使潜能值等于1（1 或 100%）。然后，其他指标就变成了某种最大潜力的百分比。

6.2 能力

能力（容量）是系统在当前资源（资产）及其当前功能缺陷（故障）水平下的能力。系统的能力总是低于或等于其潜力。

6.3 实际效能

效能（实际）是系统的当前生产水平（如吞吐量或产量），即组织正在利用其当前能力进行的实际工作。

6.4 能潜比

能潜比（潜在潜能）是当前能力与设计潜力的比率，如果使用了额外资源并消除了现有缺陷（故障），则表示设计"余量"或系统中剩余的未使用潜力。

6.5 生产率

生产率是实际效能与能力的比值，表明现有能力在支持价值生产方面的有效性（生产力）。

6.6 性能

性能（相对的）是实际效能与潜力的比率（或能潜比与生产率的乘积），表示组织性能与设计潜力的比值。

VPU 相对性能指标如图 39 所示，显示了上述指标之间的关系，并提供了一个假设的 VPU 的度量示例。

假设（测量得到的）：
- VPU 正在运行，实际效能为............ 35%；
- VPU 的当前能力是.......................... 75%。

结果（计算得到的）：
- VPU 的潜能是.................................. 75%；
- 目前生产率是.................................. 47%；
- 目前绝对性能为............................... 35%。

对于这个例子中的 VPU 来说，鉴于 VPU 可以实现其所属资产生产率的提高，因此其尚有很大能力，从而可以吸收更多的工作。

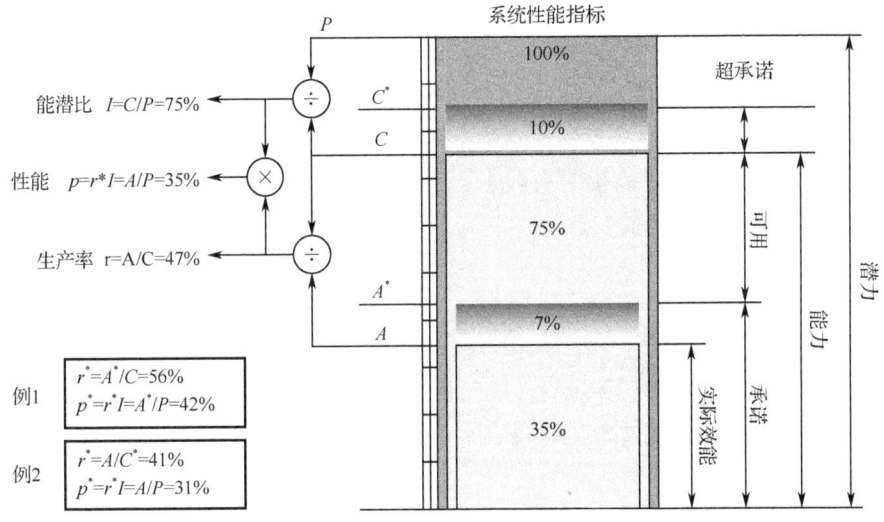

图 39　VPU 相对性能指标

图 39 还提供了两个例子，分别是例 1 和例 2，说明这些指标在企业规划活动中的价值：

- VPU 目前的"承诺"水平（表示为 A^*）为 42%（35%+7%），导致 33%（75%-42%）的"可用性"水平。例 1 承诺的影响将使生产率提高至 56%，并将性能提升至 42%。
- 有超过能力 10%（表示为 C^*）的潜在"过度承诺"。例 2 过度承诺的影响是将生产力降低到 41%，相应的性能降低到 31%。

最后，请注意，当指挥官（E5）在其 B 端口（参考图 32）发布报告时，VPU 对其性能的内部度量标准表现为其实际效能。PMS 服务不但符合，而且强化了 ECS 模型的递归性质。此外，参照图 4，PMS 支持从战术级 L_0 过程到战役级 L_3 过程的性能贡献累计计算，最终实现对 L_5 国家层级性能的度量。

在下一章中，我们将上述六个指标与 VPU 最大化价值生成（其累计效用）的目标相关联，用来度量 VPU 在执行其现行业务计划基础上创造价值的能力。累积效用（AU）是组织指挥与控制理论中的第七个也是最后一个关键性能指标。

第7章

组织指挥与控制执行属性

组织指挥与控制执行属性除了 PMS 相对性能指标外，还有支持组织指挥与控制系统有效运行所必需的 VPU 的绝对性能指标，包括吞吐量（收益率）、时效性、可用性、可测度性、平均失效到达时间（MTTF）、平均修复时间（MTTR），等等。这样的表述是指应用服务质量（AQoS），通常涉及架构决策的工程性问题。反过来，架构一般来源于承接组织目标理论的内在指导原则（如价值主张）。我们这里并不关心工程问题本身。然而，可测度性和时效性的概念是组织指挥与控制理论的两个核心问题，同时与性能紧密相关。

上述已经讨论了可测度性问题，特别是关于指挥结构和相关的性能指标。现在我们将注意力转向时效性属性，尤其是指挥与控制完成的时间要求。我们从"粗粒度"时间问题和规划范围的概念开始论述。

7.1 组织指挥与控制规划范围——"粗粒度"的时间

指挥与控制规划视图如图 40 所示，以图表的方式显示了不同指挥层级的规划范围。该图定义了六个级别的命令，与图 4 中引入的责任层次一致。该图横跨 L_0 到 L_5 级，表示实际系统（如机器）或人员（如作战人员）。右边是各级时间的间隔，用以描述横轴上刻度线之间的时间间隔。

图的左边是网络化组织指挥与控制服务节点符号和各自的运行网络域。这意味着每一层级的指挥与控制应用程序、数据库与同级服务的横向连接，与上下级服务的纵向连接。这并不是说存在不同的物理网络，而是考虑不同领域（层级）的安全和性能（如时效性）问题。

图 40 中，垂直线代表目前的时间，"现在"是指挥员在各自视角的当前

时间。"现在"线条的左边表示过去的时间（如在图 27 中左上角的历史数据库，HDB）；右边是我们以特定视野所看到的未来时间。时间间隔有效地定义了每个层级的未来事件。阴影表明在连续的层级上，过去环境和未来事件急剧压缩——这是由于低层级 VPU 越来越具有战术属性的原因。每个层级的水平阴影表示可用于规划的时间，即规划周期。对未来行动的规划通常由策略和能力影响，从而限制在未来有限的时间段内。计划也受到记忆和历史记录深度的约束，从而限制其吸收经验教训的能力。

最后，图 40 显示了计划垂直方向的依赖性。L_5 层级的战略规划包含并约束了低层级的规划，与此同时，L_0 层级战术计划的执行结果向上影响更高层级的规划。这两个相向的垂直流在图 25 所示的嵌套式指挥架构中体现得非常明显。这是同一个概念的两种互补性表达方式，一种是时间维度，另一种是结构维度。

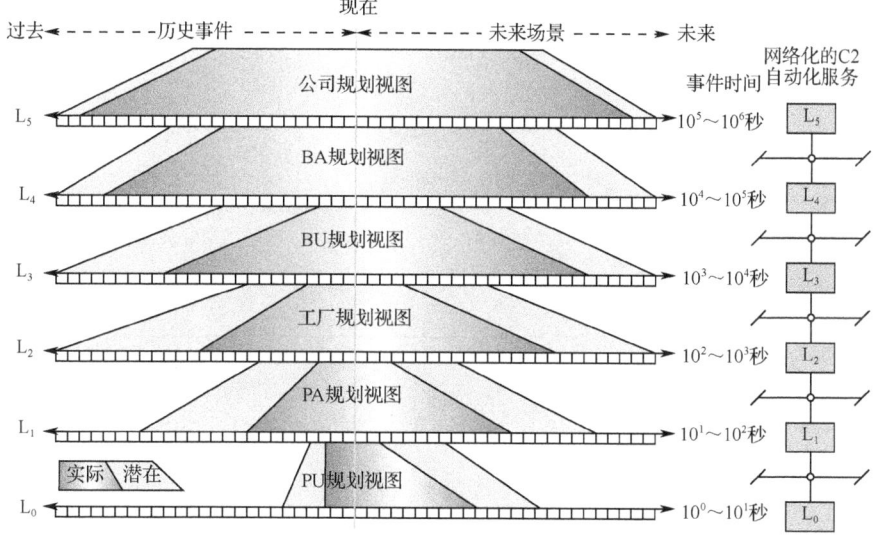

图 40　指挥与控制规划视图

不管是上下级组织还是同级组织之间的交互，都存在用于描述组织指挥与控制服务端到端性能的通信需求。如图 40 所示，这些需求被右边的时间尺度所约束，表示在 VPU 内和同等级 VPU 之间，规划活动所需的预期完成时间。

到目前为止，规划是一个形式化的循环过程，必要时同态势探测（感知）和评估相互交织和协调。

7.2 态势评估服务（SAS）：创建行动方案

态势评估服务如图 41 所示，SAS 阶段定义为{c} =响应[{评估[探测[{i}, FDB]}, XDB]}, SDB]，此时，{c}是一系列可能采取的行动方案，{i}是一个输入信息列表，FDB 是过滤数据库，XDB 是事件模式数据库，SDB 是场景（COA）数据库。

态势评估服务（参考图 27 和图 41）可满足如下过程：

（1）订阅。

（2）接收相关信息来源。

（3）从信息源中识别出感兴趣的相关事件。

（4）将流内部和流之间的事件序列相关联，以确定新态势的发生或改变现有态势的状态。

（5）确定这些态势下一个或多个潜在的响应（行动方案）。

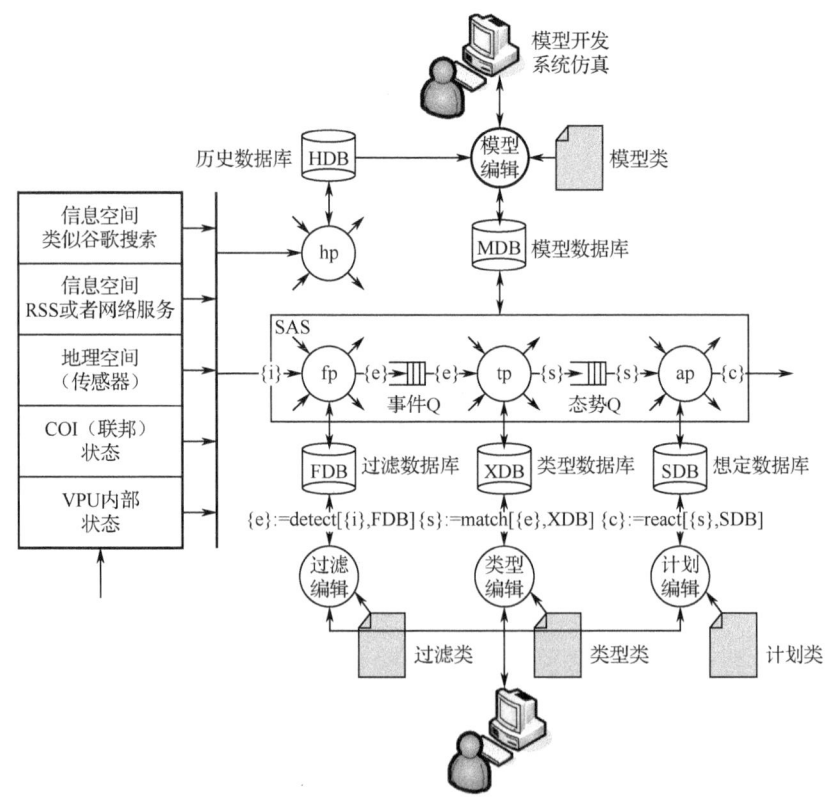

图 41　态势评估服务

态势评估服务，可以实现制度上的感知，是后面规划和计划执行指挥与控制服务最前端的过程。

7.2.1 订阅

有效的组织指挥与控制依赖外部信息和内部组织功能的状态。对外部知识的获取是通过情报、监视和侦察（ISR）得到的。在网络中心环境下，ISR服务可以提供一个或多个组织感兴趣的、关于过程（态势）的、有各种安全限制的信息。需要此类知识的组织数量和种类决定了该类信息的"市场"。我们不讨论这个市场或其动态机制。然而，我们认为，这样的市场是存在的，它们通过出版物提供信息。

一般来说，出版物是按照主题进行归类的。组织订阅感兴趣的主题，根据访问权限来实现访问管理。如图32所示，订阅通过其R和V接口（流）进入VPU，通过P和U接口退出VPU。发布、发现、主题注册、订阅和访问控制方法在GIG计算和通信领域内是众所周知的，这些被统称为与信息保障和发布-订阅协议有关的问题，这里不再赘述。

7.2.2 收听

如果存在一个有效的订阅（或订阅渠道），组织根据各种特定主题规则进行收听。收听过程可能直接识别特定信息流中的特定内容，也可能是无指向性的，可作为录音备份以供后续处理或生成历史记录。也可能会关注定期重复出现的字符串，或者关注只出现一次的特定（唯一）字符串。收听过程可能会试图找出单个流中随机出现的字符串类型，或者多个流中某时间段出现的字符串类型。

信息输入流有两种基本类型，{i}区分和未区分。区分信息通常会有元数据（标签）和流中数据的语义信息。未区分信息的解释常常会遇到更大的模糊性，使过滤和事件探测在语义上更具挑战性。

有效的收听可能还需要解密和加密流的能力。这是信息保证（IA）策略的核心关键需求。虽然在技术上具有挑战性，且对国防部组织指挥与控制系统非常重要，但是安全性对于其他地方、州和联邦机构，以及商业工业设施和医疗患者隐私（参考 HIPAA[①]）同样非常重要。既然已经指明了收听的重要性，就不再详细赘述。

7.2.3 事件探测

态势评估服务在其有效订阅的时候启动，对信息流中的模式进行探测，起到了过滤的功能。

探测模式或模式序列构成了一个事件{e}。高优先级的事件，或声明在某些观察的过程中发现重大变化的事件，被称为警报。探测警报和事件是 SAS 开始的一个主要功能。支持事件探测需要交互式的服务，用于定义、测试、部署和维护过滤数据库，有些是订阅过程专用的，有些则是通用的。图 27 中的过滤数据库（FDB）提供了这样的一个存储库。参考图 41，SAS 事件探测阶段事项{fp}是{e}=探测[{i}, FDB]，{e}是一个重大的事件，FDB 是过滤数据库（有事件签名）。

7.2.4 事件关联

在一个或多个渠道进行事件探测会产生一个或多个事件流，每个事件都拥有丰富的信息，并且对事件背景非常敏感。事件模式也可能会定义重要的（元）感兴趣事件。这种关联（二阶）事件可能会触发警报和事件本身，也可能引发新的态势{s}，或造成现有态势状态的显著变化。SAS 必须提供交互式工具来定义、测试、部署、维护模式关联器和复合过滤器。图 27 的模式数据库（XDB）提供了这个功能。

7.2.5 态势探测

关联器为探测语义丰富的复合事件提供了一种手段，其可以发布态势的出现{s}（如一个突发事件）或态势状态的变化。态势探测是 SAS 的主要功能。突发事件是一个元事件，需要得到组织的正式响应（反应）。SAS 结论通过态势（突发事件）作为索引或关联地址，进入想定数据库（SDB）。SDB（参考图 27）包含零个或多个预先存在的计划（方法），以描述组织可能响应的潜在的行动方案（COA）。如果没有合适的响应，要么该事件被忽略，要

[①] 医疗保险可移植性和责任法案。

么由"PlanMan"应用程序"即时创建了一个计划"。如果有一个或多个计划可用,就应该区分这些计划的优先次序并将其发送到 PGS 阶段。

如图 27 和图 41 所示的那样,SAS 必须提供交互工具用于创建、测试、部署和维护过滤器、模式和场景数据库内容。图中显示了交互式 SAS 阶段编辑器,用于管理网络托管的订阅过滤、模式关联器和计划(场景)。

参照图 41,SAS 态势探测阶段事物(tp)是{s}=评估[{e},XDB],其中,{s}是态势列表,{e}是一个事件列表,XDB 是模式数据库(有态势签名)。

7.2.6 主动反应——行动方案

SAS 的第一个目标是识别重要的事件{e}和其应用的态势{s}。第二个目标是推荐适当的响应{c},假设组织指挥机关有预见这些态势的意识,并可以做出相应的计划。因此,态势评估服务的输入是信息流{i},其输出是一个或多个行动方案{c}。

图 42 是描述广义的计划结构的伪代码。在实际应用中,这些 COA 在想定数据库中可能被定义为 XML 格式,如图 41 所示。COA 是对过去已经出现过的态势或未来预计会出现的态势的一般响应(反应)计划(参考图 40)。如图 27 所示,SAS 的规划功能是在 E4 的监督下进行的,通过名义上的交互式"ModMan"和"PlanMan"应用程序来实现。

```
plan{
        plan_id;              /* plan identifier */
        plan_revision;        /* plan revision level */
        plan_issue_date;      /* plan publication date */
        plan_mission;         /* plan objectives */
        plan_conops;          /* plan concept of ops */
        plan_tuf;             /* plan tuf parameters */
        plan_assets {         /* plan contingencies */
        plan_personnel;       /* human assets */
        plan_material;        /* material */
        plan_precedents;      /* plan precursors */
        plan_metrics;         /* plan perf metrics */
        plan_policies;        /* plan constraints */
        plan_distribution;    /* plan distribution list */
        plan_task_list};      /* plan tasks */
        }
```

图 42 广义的计划结构(COA)

7.3 计划生成服务（PGS）：创建记录计划

计划生成服务如图 43 所示，PGS 阶段定义为{p}=分配[ADB[遵守[{c}, PDB]]]。PGS 是一个两阶段的过程，将 SAS 产生的 COA{c}作为输入，并输出记录计划{p}。POR 是经过策略验证并且得到需求资源分配的 COA。一个计划可能在这两个阶段的任何一个阶段面临失败。我们从合规性检查开始阐述。

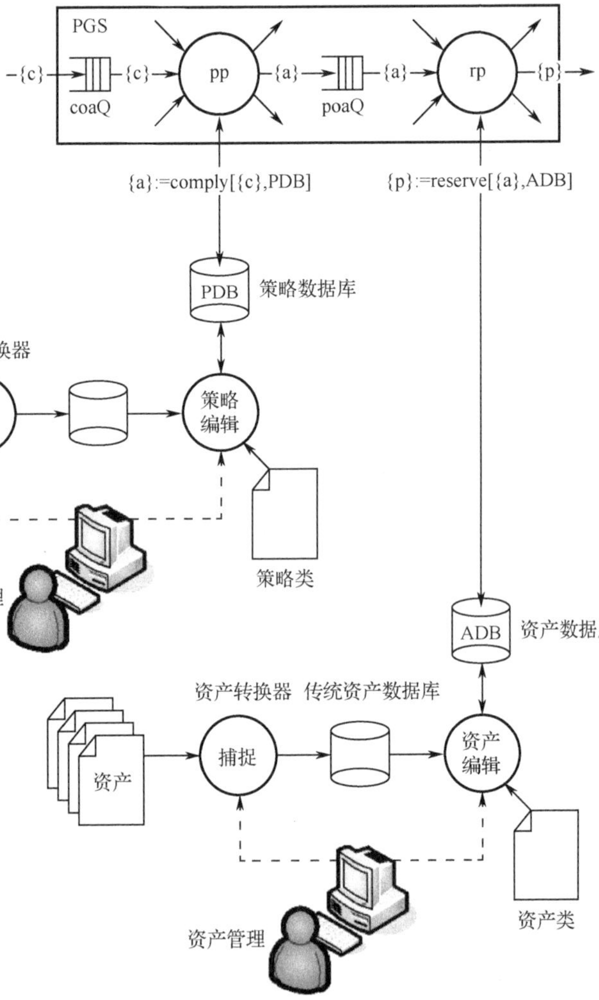

图 43 计划生成服务

7.3.1 策略合规性检查

图 43 描述了整个策略过程（服务）pp。COA 从左侧{c}抵达，进入（优先级）队列（coaQ）等待策略合规性检查。检查是自动进行的，调用一个合规性检查服务。这种情况下，E5 指挥官作为策略管理节点，负责开发和维护组织策略，这是一个创造新策略、更新旧策略的过程。

PGS 策略合规性检查的过程为{a}=遵守[{c}, PDB]，其中，结果{a}是一个策略合规的行动计划，{c}是某一输入（建议）的行动方案，PDB 是策略数据库。

策略是影响能力或行动方案管理的一种形式化指导。策略可以是文本形式的，用自然语言（如英语）或形式化语言（如 XML）表示。通用策略结构如图 44 所示，是一个广义的策略对象，用半形式化风格书写。同样，这种规范也是示意性的。

```
policy {
    policy_id;                  /* policy identifier */
    policy_revision;            /* policy revision level */
    policy_issue_date;          /* policy publication date */
    policy_end_date;            /* policy duration */
    policy_domain;              /* policy appl domain */
    policy_scope;               /* policy applicability */
    policy_exceptions {         /* policy contingencies */
        policy_time;            /* vise time */
        policy_resources};      /* vise material */
    policiy_antecedents;        /* policy precedents */
    policy_authority;           /* policy owner */
    policy_clauses;             /* if…then…else rules */
    policy_distribution};       /* policy distrib list */
```

图 44 通用策略结构

一般来说，策略管理是一个复杂的问题，涉及权威、法律、伦理、风险和范围。组织指挥与控制理论对策略管理做了一些假设，包括：①局部策略适用于各个组织范围；②全局策略适用于联邦组织背景下的范围；③策略是一致的；④策略是可以向下延伸的，管控每个下属 VPU 的行为。

图 44 中概述的策略对象（PDB 数据库记录）包含几个重要的元素。首先需要注意的是，策略适用于特定的策略域内，因此需要定义策略域。策略域是指挥与控制空间的区域（见图 10），VPU 将遵守一定的行为规则。因此，

策略是有范围的。策略域包含和背景相关的信息（如时间、地点、天气等），该背景下策略应用于某一特定态势。策略范围受"策略例外"的约束，该字段描述的是与时间和资源有关的突发事件。

注意，策略是一个形式为"如果……那么……"（if...then...）的语句，因此可以通过策略过程执行。这些规则表示组织指挥官授权行动方案的条件（逻辑测试）。策略还包含对其他前期策略的引用。前期策略还可能包含适用于当前情况和拟议行动计划的条款。策略服务根据这些条款来确定所提行动方案的合规性水平。

如果策略服务认定行动方案是合规的，则将其转发到资源分配过程（rp）。如果策略合规性检查失败，就会抛出一个异常，指挥员需要：①解决行动方案的策略缺陷；②忽略异常，承担风险发生的责任或完全中止计划，要么开发一个新的合规计划，要么完全忽略此态势。

在将一个新的或编辑过的策略放到策略数据库（PDB）之前，策略编辑器应确保与其他策略相互兼容，并采取适当的版本控制。编辑器还负责分配新策略到各自领域所确定的地址中。

PGS策略过程可以理解为一个功能（服务）函数，其输入是"原始"的行动方案（COA），如果策略合规性检查满足，其输出就是一个准备进行资产配置的行动计划（POA）。在图27中，策略管理功能指的是"RuleMan"应用程序。

7.3.2 资产（能力）——记录资源的分配计划

图43显示了PGS阶段资产（能力）管理服务——rp。rp服务将策略合规的行动计划{a}作为输入，根据资源满足程度，产生可执行的记录计划（POR）{p}。特定计划的资源分配是组织指挥与控制至关重要的功能。

参照图43，PGS资源分配阶段活动（rp）为{p}=保留[{a}, ADB]，其输出{p}是一个资源化的计划，{a}是一个经过策略检查的行动计划，ADB是资产（能力）组合数据库。

广义的资产结构如图45所示，概述了资产对象（数据库记录），描述了要实施一个计划或某一计划步骤所需要的能力。资产可能是人、装备、资本或它们的特定组合。资产可能被消耗（如资本）、补充或连续可重复使用（如一艘军舰）。装备资产可能来自供应商或由组织内部生产。金融和劳动（如作战人员）资产通过上级进行采购（授权）。

第 7 章 组织指挥与控制执行属性

```
asset {
    asset_id;                    /* asset identifier *
    asset_type;                  /* asset type */
    asset_deployment_date;       /* asset in_svc date */
    asset_life;                  /* asset duration (exp) */
    asset_domain;                /* asset usage domain */
    asset_quantity;              /* asset quantity */
    asset_count;                 /* assets in use */
    asset_qualifiers {           /* asset restrictions */
        asset_time;              /* asset time restrictions */
        asset_capability};       /* asset functionality */
    asset_prerequisites;         /* asset precedents */
    asset_authority;             /* asset owner */
    asset_usage;                 /* asset SLA */
    asset_reservations;          /* asset reservations */
    asset_cost};                 /* asset deploy & use costs*/
```

图 45　广义的资产结构

组织可以和利益共同体中的一个或多个成员共享资产。资源共享策略通过互助协议（MAA）、谅解备忘录（MOU）、服务水平协议（SLA）或其他类似合同予以确定。在外部不共享的资源可能在 VPU 内部生产单元之间实现共享（如图 23 中的 Pn）。

如果一个资产是共享的，它便被假设为是连续可重用的，即在特定的时期内可被特定 VPU 使用。对可分享的资产需要进行预约。资产化过程是构建计划资源需求的仲裁者，此需求来自组织内部或者联邦 VPU 之间。因此，(rp) 必须满足一个正式的资源预约协议。某些资源要想有效利用，必须满足其他一些资源前提条件。资源可能会受到策略或领域的限制。此外，资源也有部署和使用成本，一般以美元为单位。

如果一个 VPU 包含所有计划和态势下的所有必要资源，问题就很容易解决了。然而，更可能的情况是，如此大量的资源会导致大量费用，从而使 VPU 受限于效率或成本。资源利用率低，资本成本将会很高，其价值主张则可能会失败。对于 VPU 来说，"最优"的资源水平将使其能够在大部分时间内满足大部分目标需求。在 VPU 过载或者接近过载条件下，资源管理服务在满足组织实时运行中是十分关键的。这正是组织指挥与控制理论和效用权责调度所关注的情况。

需注意到，图 43 中资产管理人的角色，也就是运行执行员 E3。在图 27 中，资产管理应用是"AssetMan"。E3 将新获得的和既有的资产转换成网络可接入资源。编辑过程可以保证这些资源处于可共享的情况，也能保证这些资源的实时可调度性。这意味着（rp）服务将其资产目录发布到网络上供联邦组织使用，它们可能希望"租赁"更多的资产。

我们将在下一章讨论资源管理功能，以及通过资源的动态调度以满足时间完成要求。这方面的组织指挥与控制理论是组织系统实现实时或接近实时性能的关键。这里讨论的资产（能力）管理模型是一种静态分配服务，资源的动态管理则完全是另一个话题。

总之，（rp）服务将策略合规的行动计划（POA）映射到充分资源化和随时准备运行的记录计划（POR）上。剩下的就是指挥官（E5）授权这个计划。需要通过完成运行概念以表达"指挥官的意图"，以及将授权计划（如时间表）"安排"到正在运行的组织系统中。

在任何时候，组织都在忙于处理其任务和业务范围内的各种情况。接受一个新的任务可能需要其重新调整优先事项和资源，并在此过程中对已启动的计划做出调整和协调，这就是敏捷管理的本质。此外，组织越复杂，这些调整就可能越困难，这是计划执行阶段（PES）的职能。

7.4 计划执行服务（PES）：记录计划的执行

组织指挥与控制计划执行服务（PES）提供调度、授权和记录执行计划（POR）的功能，包括命令处理（cp）和两阶段的执行处理（ep），一个用于粗粒度（任务级别）管理，另一个用于细粒度（线程级别）管理。

PES 阶段处理过程如图 46 所示，PES 阶段定义为{i}=运行[开展[授权[{p}, CDB], TDB], τDB]，其中，{i}是授权后的记录计划{p}运行产生的输出信息，CDB 是命令数据库，TDB 是任务执行性能数据库，τDB 是线程执行性能数据库。

7.4.1 计划调度

参照图 46，PES 的指挥授权阶段（cp）事务是{t}=授权[{p}, CDB]，其中，{t}是一个授权的任务订单，{p}是资源化和合规的计划或者记录，CDB 是命令数据库。

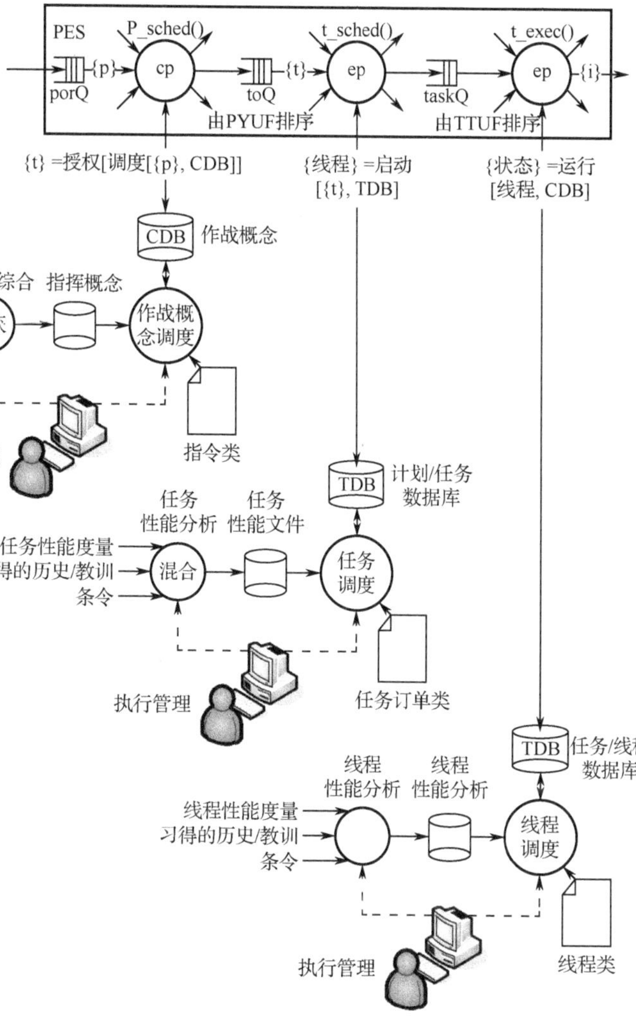

图 46 PES 阶段处理过程

计划的成功执行高度依赖时间相关任务的正确合理排序，以及其需求资源的可用性。因此，有效地安排任务和资源是有效管理的关键。从这个意义上讲，调度是一个复杂的过程，超出了这本书的研究范围。然而，对于组织指挥与控制理论来说，其中几个关键的概念是很重要的。

调度，包括时间和资源需求，发生在沿着 CPS 链的几个连续阶段。最初（默认）资源需求出现在想定数据库（SDB）的行动方案描述中，如图 41 和图 42 所示。规划时间需求源于初始计划和任务级完成时间要求（通过时间效用函数表示，TUF）。规划资源需求源于初始计划和任务级资源描述。

调度安排是在（rp）阶段"粗粒度"能力预订活动中产生的。在这里，"细粒度"资源需求的识别和预定通过实时 TUF 规范得以保证。有些预定可能（通常会）需要对任务 TUF 进行调整以满足资源可用、获取和释放时间的要求。

调度安排是在（rp）产生的 POR 中定义的，描述了一个"可行的计划"，但可能达不到"最优"的资源利用和组织累积效用，或者是计划执行的"副产品"。因此，最终调度活动的有效性取决于指挥官（E5）。这一判断是 PES 阶段的重点之一，也是计划授权和执行前需要确定的。然而，在这个决定之前，指挥官对 VPU 的任务必须有一个清晰和简洁的概念，特别是计划在其任务完成中所扮演的角色。这样，就需要一个清晰和简洁的运行概念（CONOPS）。

7.4.2 计划运行概念

命令数据结构（示意性）如图 47 所示，是一个示意性的命令对象（数据库记录），用于描述指挥（决定）背景下的核心元素。

```
command {
    command_id;                    /* command [URI] ID */
    command_authority;             /* command authority level */
    command_name;                  /* command name */
    command_size;                  /* N, number of domains */
    command_aor[N];                /* domain aor */
    command_start;                 /* domain commission date */
    command_end;                   /* domain decom date */
    command_hq[N];                 /* per-domain HQ location */
    command_exceptions {           /* domain contingencies */
        command_time;              /* vise time */
        command_resources};        /* vise material */
    command_superiors[N];          /* domain superiors */
    command_subordinates[N];       /* domain subordinates */
    command_suppliers[N];          /* domain suppliers */
    command_clients[N];            /* domain clients */
    command_por[N,M];              /* domain POR */
    command_conops[N,M]};          /* per-plan CONOPS */
```

图 47　命令数据结构（示意性）

1. 运行概念（CONOPS）

授权包括两个主要步骤：①为计划开发运行概念；②制订一个可行的计

划,以将计划插入 VPU 当前正在执行的计划中。

提交给指挥员进行授权的每个记录计划都需要一个运行概念。运行概念提供了对指挥官计划的一个清晰和简洁的表达,包括目标、时间、资源、位置、机动、物流和 POR 突发事件(市场、销售、机动、战斗等)。运行概念文档通过标准化模板实现,参考图 47 中所示内容。

2. 计划调度

随着为 POR 开发一个合适的运行概念,并完成对所有潜在时间或资源的调整,指挥官可以针对 VPU 的能力,对计划的可行性进行测试。一般来说,有四种结果。

(1)计划是可执行的,效用为 U1。

(2)计划是可执行的,但考虑到资源的水平,预计完成效用 U2 < U1。

(3)计划是不可执行的,但经过时间调整(TUF 参数)可执行了,此时效用为 U3,时间调整会影响随后正在进行的计划{…}。

(4)计划是不可执行的,但经过资源调整(预约)可执行了,此时效用为 U4,资源调整会影响随后正在进行的计划{…}。

理想情况下,(cp)服务在"SuperMan"应用的支撑下,有能力回答下面的问题:

"如果添加新计划(POR)到进程内,混合计划形成的 VPU 最大效用时,最优(s)的调度安排是什么?"

如果生成一个(或多个)最优调度安排,当前进程内计划就会中断并重新安排,包括暂停、调整最优计划,然后重新启动计划。

一个有用的变化可能是:"添加这个新的计划(POR)到进程内,形成混合计划,如果产生一个 $U_{最低}$ 和 $U_{最高}$ 之间的潜在效用,那么最优(s)的调度安排是什么?"

3. 计划授权

如果(cp)可以成功找到一个可行的粗粒度计划,指挥的下一个正式行动就是对 POR 进行"授权"。即,粘贴一个电子"标签"到 POR 上,将其作为(ep)阶段的一个任务订单,为 VPU 上级和所有受影响的联邦 VPU 提供"副本"。在签署 POR 之前,指挥官可能希望"确认"这个计划仍然是"可执行的"。这种想定测试需要大量的研究工作,并有许多可以使用的工具。

7.4.3 计划执行与任务管理

参照图 46，初始 PES 任务执行阶段的事项（ep）为 {τ} = 启动 [{t}, TDB]，其中，{τ} 是启动和执行任务订单{t}所得到的任务线程，TDB 是任务状态数据库。

在收到新的任务订单后，E3 参与者根据运行概念中描述的和指挥官（E5）意图相一致的订单中所包含的规范，开始对计划和任务的执行进行监督。接收到的任务订单的形式如图 48 中所示，该形式参照图 42 中所示的广义计划结构。

任务管理包括分派任务给供应者和下属 VPU。第五章（参考图 34 到图 37）介绍了任务分配机制。虽然这部分没有讨论通过 VPU 的边界（边缘）端口 C、H 和 J 分配给联邦，但是，任务订单可能确实需要调用联邦能力进入 E3 的操作范围。这是联邦组织实现协作价值生成的基本要求。此外，它也是典型的商业—工业网络，就像图 7 中描述的一样。

图 46 显示了任务分配和调度（ep）活动。在这一阶段，供应商和下属单位各自发布订单，这一过程使用到内部 VPU 指挥轴消息协议，将在第 8 章中进行讨论。

```
tasking_order {
    to_id;                  /* to identifier */
    to_revision;            /* to revision level */
    to_issue_date;          /* to publication date */
    to_mission;             /* to objectives */
    to_conops;              /* to CONOP */
    to_tuf;                 /* to tuf parameters */
    to_assets {             /* to contingencies */
        to_personnel;       /* human assets */
        to_material;        /* material assets */
    to_precedents;          /* to precursors */
    to_metrics;             /* to performance metrics */
    to_policies;            /* to constraints */
    to_distribution;        /* to distribution list */
    to_task_list};          /* tasks */
}
```

图 48　任务订单的形式

7.4.4 计划执行——线程管理

参照图 46，后期 PES 线程执行阶段的事物（ep）是 {i} =运行[{τ}, τDB]，其中，{i}是执行线程{τ}所产生的 VPU 输出，τDB 是线程性能数据库。

一旦各方接受和承认它们的订单，E3 就能初始化（开始）计划。"开始"按钮位于 E3 的"OpMan"仪表板（参考图 27）。一旦按下，计划转移到"运行"状态，（ep）开始其战术线程管理服务，PES 的最后阶段如图 46 所示。

在深入了解组织指挥与控制系统概念性运行之前，审查与时效性有关的问题，特别是网格交易的时效性问题，是很有意义的。请记住，VPU，无论其在联盟角色和责任所形成的晶格中的相对地址如何，都是物理上分布的。这种地理空间分离必然导致传输延迟，这种延迟可能由物理传输特征（如光速）、不确定性的网络数据包协议（如 TCP/IP）和应用引起的网络负载的非确定性特征（如文件传输）表现。

7.5　VPU 之间的时间安排——合约性能

组织运行过程的指挥和控制在可量化和可预测的时间限制下运行是可行的，而且往往也是人们所期望的。我们将这样的指挥与控制系统（以及它们监管的组织）称之为实时系统[①]。时间限制是根据完成计划及其任务步骤的外部和内部要求来确定的。

外部完成时间要求涉及组织对各自利益共同体内的盟友做出的多边承诺。内部完成时间要求涉及指挥机构对其内部进程做出的承诺。我们从外部的时间要求开始阐述。

美国国防部（DOD）网络中心战（NCW）概念定义了一个基于异步发布—订阅服务的分布式 GIG 应用的内部过程交互模型，TPPU 时间如图 49 所示。这些服务通过统一的范式进行表达，即任务、发布、处理和使用（TPPU）。因此，一个过程作为某种任务的副产品创建了信息，将该信息发布给有权获得和订阅该信息的人，然后开始使用该信息。传统的模型"任务、过程、使用和发布"，信息共享充其量是事后的想法，并且由于供应商处理周期的不确定性而大大放慢了速度。TPPU 协议将原始信息更快地释放到网络中，使其在发布者和订阅者范围内更自由地进行流动。

该图确定了一个信息发布者（较高的时间线），在 $t_{register}$ 时刻登记其信息服务时间。随后（$t_{discover}$）信息订购者（较低的时间线）发现了该服务，在

---

① 系统在达到其截止日期范围内是实时的。

$t_{subscribe}$ 时刻发布订购需求。正常运行条件下，发布者在 t_{task} 时刻执行任务，产生信息（如测量、报告、警报）并随后在 $t_{publish}$ 时刻发布，这就是开始一个被称为组织系统端到端（e2e）性能的关键时期的主导事件，如图 49 中表示为 t_{e2e}。

e2e 阶段包含网络传输时间（t_{xport}）和订阅者节点处理时间（t_{node}）。节点处理时间包括处理开始前（t_{hold}）一个潜在的应用级延迟，执行阶段 1 态势评估的时间（t_{sa}），执行阶段 2 计划生成和阶段 3 计划执行的时间（t_{bge}）。

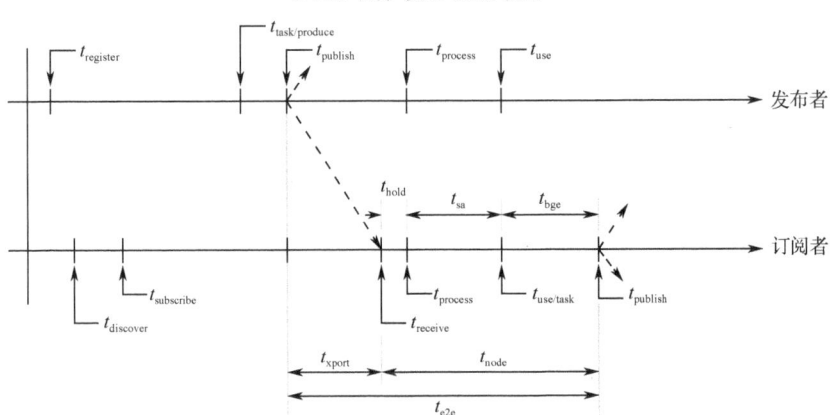

图 49　TPPU 时间

理想情况下，系统可以满足截止日期前所有的实时性要求。在实时系统中，这就要求任何特定利益共同体（如策略领域）内节点之间的服务水平协议（SLA），以及在特定节点之间各自的 SAS、PGS 和 PES 阶段，都是通过端到端的时间范围（最后期限）的形式表达的。履行端到端义务要求信息发布者和订阅者交换足够的信息以满足其服务水平协议，从而管理其节点资源处理计划。

7.6　组织指挥与控制消息结构（示意性的）

为了满足端到端需求，VPU 必须在指挥与控制相关的交换信息上达成一致（语法和语义）。这需要它们对消息的结构和内容进行统一认识。虽然本理论并不是要描述特定实施层面上的消息结构和意义（如软件工程方面的考虑），但是有必要提供一定程度的规范以体现其核心概念要素。

第 7 章 组织指挥与控制执行属性

组织指挥与控制消息结构如图 50 所示，描述了为了协同 VPU 之间传递关键的组织指挥与控制信息的示意性消息结构。该图显示了信息发布者（PID）和信息订购者（SID）字段、消息类型（MTYPE）、发布时间戳（参考图 49 中 $t_{publish}$），描述在有效载荷下信息时间相关价值的效用函数（TUF）、信息的元数据（如质量和语义）、有效载荷数据（PAYLD）和一个校验和（CHK）。

| PID | SID | MTYPE | TIME | TUF | SEQ | MD | PAYLD | RPLY | CHK |

图 50　组织指挥与控制消息结构

从概念上讲，消息元数据字段关注消息"类型"。表 7 总结了广义上的内部和外部 VPU 消息类型。每个消息类都会有相关的处理程序（根据 TUF 要求和当前 VPU 节点状态确定）进行过滤和优先级排序。这些处理程序和相关的管理节点资源运行时间服务是一个很重要的工程化问题。

表 7　组织指挥与控制消息类型

消息类型	描述
输入数据	态势独立测量数据；POR 任务响应
任务订单、指令	POR 任务调用；POR 任务状态报告
信号	异步信号警报；事件；中断
控制	组织指挥与控制基础设施管理

为了帮助订购者管理资源处理任务，以遵守所有的时间期限（如 SLA），消息包含了众多关于效用、时间价值、函数（TUF）的索引。效用函数描述了信息的价值，作为信息产生后的时间函数（TIME）。通过这种形式，订购者便有了关于信息（如数据、请求、警报等）有效性或时效性的一个绝对的度量标准。

元数据（MD）字段是至关重要的。通常情况下，一个发布者可能在各种条件下发挥作用，如能力下降、缺乏对运行标准的验证、以较低的分辨率或准确性运作、丢失正常提供的信息等。订购者有权知道其消息质量，因为它们影响了信息的最终效用。最后，图 50 中的消息结构描述了一个元数据字段（MD），描述了数据 PAYLD 的语义内容。

信息列表{…}通过图 50 中原型消息结构的 PAYLD 字段体现，其示意性格式为：

{i} := [<i_id> <producer_topic_id> <i_time_stamp> <i_tvf> <i_quality> <i_metadata> <i_data>]

{e} := [<e_id> <class_id> <e_time_stamp> <e_tvf> <e_quality> <e_metadata> <e_data>]

{s} := [<s_id> <pattern_id> <s_time_stamp> <s_tvf><s_quality> <s_metadata> <s_data>]

{c} := [<c_id> <scenario_id> <c_time_stamp> <c_tvf> <c_quality> <c_metadata> <c_data>]

{a} := [<a_id> [<poa_descriptor><asset_req_list>]*]

{p} := [<p_id> [<por_descriptor><asset_allocation_list>]*]

{t} := [<t_id> [<subscriber_topic_id><task_descriptor>]*]

符合图 16 中所述的七个控制处理步骤，它们各自的传递函数形成了以下时间相关的阶段间（inter-stage）列表：

{e}(tn+1) := fp({i},tn)

{s}(tn+2) := tp({e},tn+1) = tp(fp({i},tn),tn+1)

{c}(tn+3) := ap({s},tn+2) = ap(tp(fp({i},tn),tn+1),tn+2)

{a}(tn+4) := pp({c},tn+3) = pp(ap(tp(fp({i},tn),tn+1),tn+2),tn+3)

{p}(tn+5) := rp({a},tn+4) =
rp(pp(ap(tp(fp({i},tn),tn+1),tn+2),tn+3),tn+4)

{t}(tn+6) := cp({p},tn+5) =
cp(rp(pp(ap(tp(fp({i},tn),tn+1),tn+2),tn+3),tn+4),tn+5)

{i}(tn+7) := ep({t},tn+6) =
ep(cp(rp(pp(ap(tp(fp({i_list},tn),tn+1),tn+2),tn+3),tn+4),tn+5)

上述表达式体现了串行运行机制，其中，每个阶段的运行都和前一阶段的运行结果紧密相关。运行可以通过并行和异步完成，在整个 t_{e2e} 时限内，每个阶段将按自己的节奏进行运行。阶段间的聚合逻辑需要通过端到端计算的线程处理实现。

7.7　VPU 内部时序

图 51 描述了特定 VPU 内部的相对组织指挥与控制时序。这里我们确定

了每个阶段的基本活动，其资源管理和调度功能在实现端到端的时序要求中尤其重要。每个阶段绝对的时序需求取决于：

（1）COI 问责的层次结构（如资产链）中组织的指挥层级。

（2）在 SAS 功能的输入处显示的信息类型（如供应链）。按照图 40 中描述的时序，表 8 列出了典型的节点决策（完成）时序和规划时限范围。

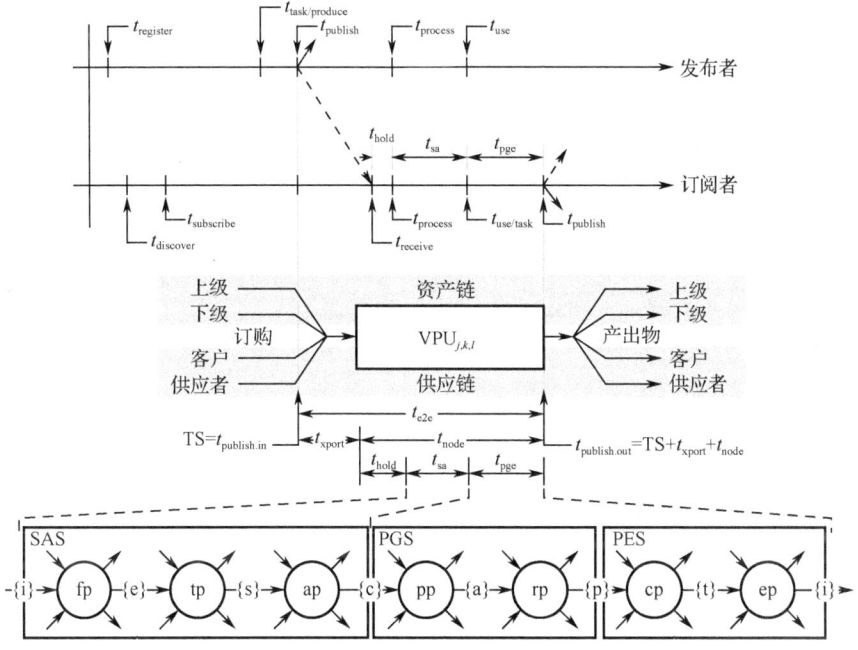

图 51　相对组织指挥与控制时序

表 8　组织指挥与控制节点时序需求

VPU 层级	策略领域（指挥层级）	任务完成时间（秒）	规划时限范围
5	组织、企业	100 000～100 000 000	季度～年
4	业务领域、部门、军兵种	10 000～10 000 000	月～季度
3	业务单位、公司、兵力	1 000～1 000 000	周～月
2	工厂、办公室、营	100～100 000	天～周
1	生产单位、细胞、排	10～10 000	小时～天
0	设备、人、代理	0.01～1 000	秒～小时

7.8 级间过程时序

组织指挥与控制级间时序如图 52 所示，列出了前面介绍的指挥与控制服务的每个阶段和每个服务的时间安排。该图是为了强调 CPS 服务的端到端的时效性管理问题，即从事件发生（检测）到事件解决的时间。在所示的七个阶段中，执行时间 T_e 将占主导地位。响应计划的执行时间是在这段时间内进行的。执行前的六个阶段提供了组织在出击前的"反冲"。每个阶段的完成时间通过概率分布函数来表示。例如，分类阶段平均完成时间是 T_t。阶段完成时间是多个相互依赖的变量的函数，包括组织层级、SAS 的数量、单位流量等。

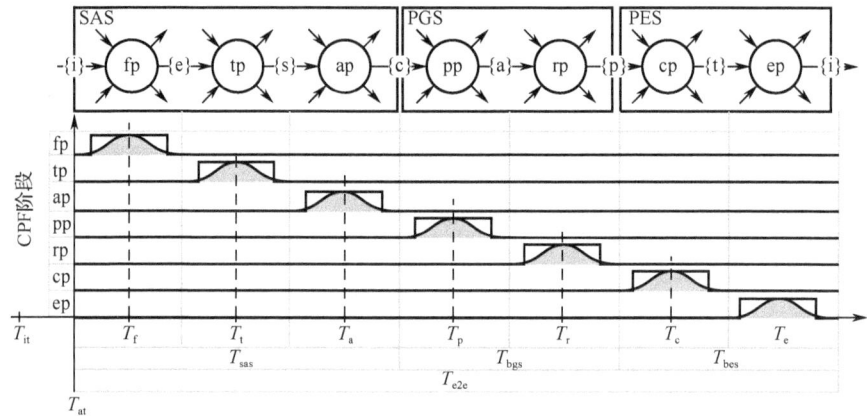

图 52　组织指挥与控制级间时序

特定 VPU 的端到端时效性决定了其"运行节奏"及其在敌人（竞争对手）决策周期中运行的能力。鉴于敏捷运行的重要性，管理每个阶段和每个服务的时间至关重要。T_e 主要是任务 TUF 需求的函数。指挥人员，作为指挥与控制飞地中显示的"可视公共信息"的一部分，应积极监视这些时间。

各级的性能指示如图 53 所示，是特定时间 VPU 的控制处理服务（CPS）性能（如现实效能）雷达图。在此视图中，资源过程（rp）是系统的瓶颈。过滤（fp）和指挥（cp）过程未充分利用（尚有未使用的能力），其余服务（cp）均以其正常的水平运行。

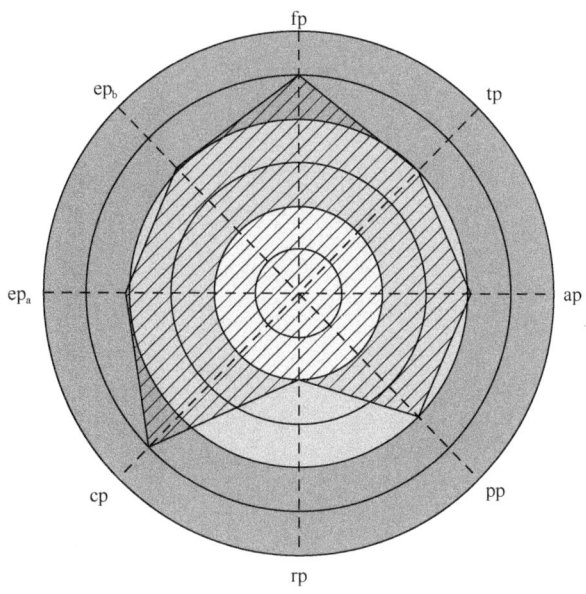

图 53　各级的性能指标

时间效用函数背后的基本思想源于传统上的"实时"系统概念，即计算必须在某个特定时间点（最后期限）或之前结束。传统上，计算系统，尤其是专用计算机嵌入式系统，通过任务优先级和某种形式的调度理论来完成工期调度。虽然这对封闭的、固定功能的确定性系统非常有效（如汽车制动系统、飞行自动驾驶仪等），因为此时优先级是静态设计和分配的，但是这些技术对于必须在动态条件下运行的开放式和概率性系统而言效果不佳，比如工作量是随机的，并且由于需求、故障和异步驱动模式转换，随着时间的变化而发生变化的系统。

这些所谓的"中同步系统"（mesosynchronous systems）[①]要求：①放弃"硬"与"软"实时系统之间的传统错误二分法；②开发新的功能性手段，其任务调度包含了应用级和运行时间性能需求，称之为应用服务质量（AQoS）。指挥与控制系统显然是中同步系统，其 AQoS 需求对于指挥与控制决策至关重要，并将影响下级指挥链中 VPU 的决策，特别是在处理基于效果的度量结果及其在下一轮决策和控制中的再利用方面尤为重要。

---

① 中同步系统包含同步过程和异步过程。

图 54 描述了时间效用函数①的几个例子，以及在指挥与控制背景下的可能意义。图 54（a）表示订阅中的信息价值在上下限之间是线性减小的函数，并且在其他处为零。在图 54（a）中，符合这个函数的任务，鼓励其在 t_1 之后尽早完成，但不迟于它的截止时间 t_2。在图 54（b）中，该值从 t_2 线性增长，在 t_3 达到顶点，然后在 t_4 降至零，表明相对"困难（hard）"的最后期限。

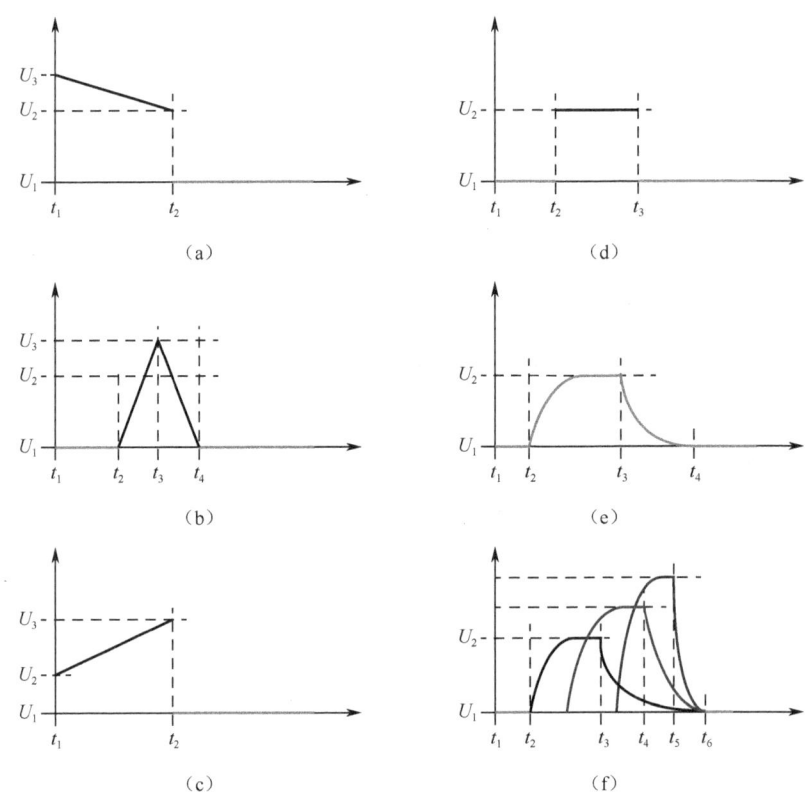

图 54 时间效用函数（TUF）例子

图 54（c）表示的时间效用函数，其中信息价值从 t_1 处的 U_2 值线性增加到 t_2 点，然后立即下降到零，也代表了一个"困难"的期限，但鼓励行动推迟到最后时刻完成。图 54（d）描述了任务（或信息的集合）的价值在极限 $[t_2, t_3]$ 之间是恒定的。

---

① 参考 E.道格拉斯·詹森（www.real-time.org）。

图 54（e）描述了更加一般性的时间效用函数，从 t_2 开始价值呈现指数增长，在最后期限 t_3 达到峰值，然后呈指数下降到零。最后一个例子，图 54（f）显示了一系列非线性效用函数，其有随活动和时间变化而变化的特征。综上所述，TUF 是一个函数，它为一个任务的完成分配一个效用值，作为时间的函数，规定了任务的完成时间要求。

如图 55 所示的广义时间效用函数进一步说明了图 54（e），描述了用于表征其形状的参数。这些参数包括：（1）任务发布的时间（t_{issue}）；（2）最早的开始时间（t_{start}）；（3）最终时间点（如截止日期），其任务完成会产生最高的效用，$U(t_{critical}) = U_{max}$；（4）可度量效用的最晚实现时间

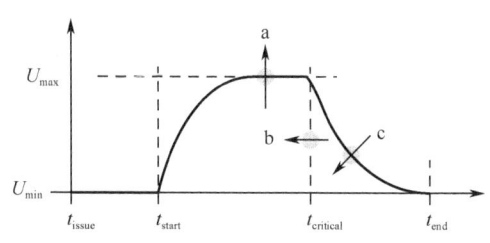

a：动态最大效用；
b：完成的关键最佳时间（最后期限）；
c：最后期限的可变困难。

图 55　广义时间效用函数

（$U_{min} @ t_{end}$）。同时还包括形状参数，提高效用的级别，缩短了开始到截止日期之间的时间，并在截止日期之后缩短"效用衰减时间"，都有助于使 TUF 的形状适应于态势相关的（如运行时间）应用需求。时间效用函数实际上是指挥与控制调度策略的形式化表达。

时间效用函数描述完成一项计划活动的效用（价值），是时间的函数。所以，在记录计划（POR）中，它们对于确定如何安排任务执行很有帮助。最终目的是通过制定 VPU 时间表，使所有授权计划都能按时完成。如果不能完成，由于 VPU 的资源冲突或能力丧失（如故障），TUF 是查找"次优"执行顺序的有效工具，从而产生尽量最大的效用。

规划 TUF 序列示例如图 56 所示，绘制了四个不同活动的 TUF。请注意，活动 1（TUF_1）有最早的截止日期，且最低的预期效用（U_{max1}）。活动 4 有最晚的截止日期和最大效用。活动 2 和活动 3 重叠，而活动 3 具有最大的效用，持续时间最短，并且需要首先完成。PES（cp 和 ep）阶段的最大挑战是动态计算和维护满足配置文件所表示目标的任务执行顺序（时间表）。

计划与其任务 TUF 之间的关系很微妙。在图 57 中我们将计划的 TUF（"PTUF"）与嵌入式的单个任务 TUF 区分开来（"TTUF"）。该图突出显示了计划中的两个相关完成时间需求规范。任务订单包含六个任务，每个任务都有其独特的任务 TUF。

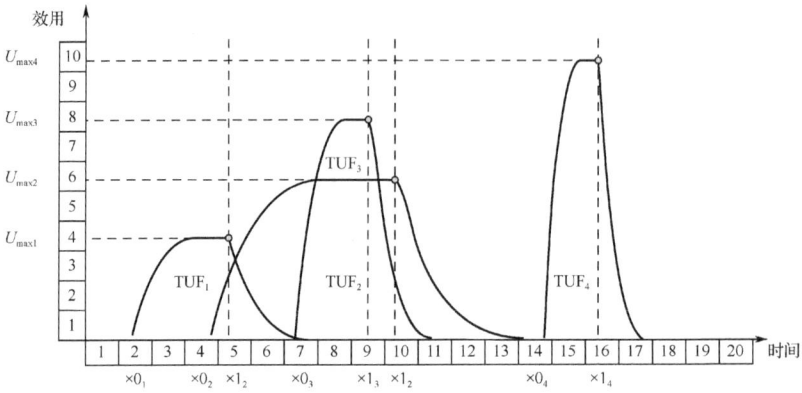

图 56 规划 TUF 序列示例

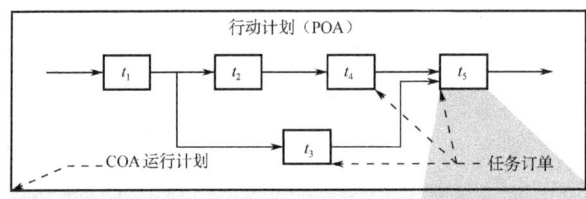

```
plan{
  plan_id;                    /*plan identifier*/
  plan_revision;              /*plan revision level*/
  plan_date;                  /*plan publication date*/
  plan_policies;              /*plan policy list*/
  plan_risks{
    plan_risk_time;           /*time risk*/
    plan_risk_resources};     /*material risk*/
  plan_predecessors;          /*plan antecedents*/
  plan_successors;            /*plan decedents*/
  plan_start_time;            /*plan issue time*/
  plan_completion_time;       /*plan end time*/
  plan_TUF;                   /*time-utility function*/
  plan_AU;                    /*accrued utility*/
  plan_manager;               /*plan owner*/

  plan_init();                /*plan initialization*/
  plan_task();                /*plan tasking*/
  plan_error();               /*plan error handler*/
  plan_end();                 /*plan abort handler*/
  plan_status();              /*plan execution status*/
  plan_etc;                   /*plan estimated completion time*/
}
```

```
task{
  task_id;                    /*task identifier*/
  task_revision;              /*task revision level*/
  task_date;                  /*task publication date*/
  task_policies;              /*task policylist*/
  task_risks{
    task_risk_time;           /*time risk*/
    task_risk_resources};     /*material risk*/
  task_predecessors;          /*task antecedents*/
  task_successors;            /*task decedents*/
  task_start_time;            /*task issue time*/
  task_end_time;              /*task end time*/
  task_TUF;                   /*time-utility function*/
  task_AU;                    /*accrued utility*/
  task_manager;               /*task owner*/

  task_init();                /*task initialization*/
  task_step();                /*task tasking*/
  task_error();               /*task error handler*/
  task_end();                 /*task abort hander*/
  task_status();              /*task execution status*/
  task_etc();                 /*task estimated completion time*/
}
```

图 57 计划和任务

显然，针对特定计划设计一套 TUF，与完成时间需求相比，对计划的成功至关重要。ECS 服务（cp）（在图 46 中标识为 CONOPS / SCHED）负责提供初始 TUF 规范。计划由 E5 调度并授权，然后发布给 E3 执行。它们可能是在 VPU 本地执行，或分派给相关的联邦 VPU 执行，无论哪种情况，TUF 规范与 VPU 的当前能力（如可用资源）必须根据 VPU 功能进行定期的审核，包括对其资源级别和相关管理策略的审核。

7.9　基于策略的资源管理

资源管理，还控制着与资源请求、分配、发布相关的计划（任务）完成时间属性。一般而言，如果有足够的资源满足所有希望执行任务的需求的话，资源管理则不太重要。当存在过载条件时，就会出现问题。任务池的累计需求超过了系统完成任务和满足需求的能力。这种情况需要协调 EC2 系统内部及其之间的动态资源管理。这就促使我们重视应计效用调度原则，其目的是以对组织提供最大的整体价值（效用）的方式合理安排任务，并管理它们相关的资源需求。

在 VPU 中，资源是私有的或共享的。无论哪种情况，资源都是消耗性的[①]，并可能处于准备、枯竭或补充状态。如果资源是共享的，则假定它是串行可重用的。该理论主要涉及共享串行可重用资源的资源管理。每个可重用资源必须具有唯一的 ID。资源经过分配后，就属于单独的任务所有，并被指定为资源的所有者。

所有权是受正式预订时间协议所约束的，分配的拥有时间（holdTime）是指任务可以保留资源的时间，分配的终止时间（abortTime）是指资源自愿或强制释放的时间，然后再重新安排任务。这一概念将在介绍了组织参与协议之后，在第 9 章中进一步展开论述。

7.10　基于策略的任务（线程）调度

类似于计算机操作系统（OS）中的调度方式，计划和任务由线程在我们

---

① 消耗性资源也是可补充的，包括供应链交易和它们相关的时间要求；两者都必须纳入任务订单。

的概念 VPU 虚拟机中执行。线程是应计效用调度机制的对象。

线程以 NORMAL 或 ABORT 模式执行。ABORT 模式是执行清除或退出处理并释放持有资源的线程状态；否则为 NORMAL 模式。

任务（如线程）是通过 EC2 服务时间（如 VPU 运行时间）片（周期或时间段）的分配进行调度的，其中剩余时间称为执行时间。因此，对于资源 R 当前由任务 T 保留，其保留时间（holdTime）(T, R) $\leq T_{executionTime}$。

终止时间（abortTime）是在终止任务并强制放弃其（保留在）串行重用资源之前的剩余时间。每当有资源请求（R、holdTime、abortTime）时，abortTime 就会增加。释放资源后，不论是自愿或被动终止（重新安排事件），均以相反的顺序执行，根据执行"堆栈"中保存的计算状态"放松"其资源保留。任务当前持有的资源通过列表 HeldResource= {<R_i, holdTime$_i$, abortTime$_i$>}表示。

7.11 线程调度

线程调度算法的输出是将当前 VPU 执行时间分配给 EC2 流程当前活动线程集的线程计划。时间表是 scheduleElement 的集合，scheduleElement= {<threadID$_i$, Mode$_i$, Time$_i$>}，其中，Time$_i$ 是下一个调度时期内分配给线程的时间段。同一线程有可能在特定时期内接收多个此类的分配。

7.12 死锁处理

在具有共享串行可重用资源的系统中，死锁[①]应该被杜绝，或者如果发生，必须被严格管理。我们的策略是通过发现并解决方案实现死锁管理，而不是尝试回避死锁。这一策略与我们的观点一致，即 EC2 系统是不断演进和自适应的，可以有效地防止进行先验且充分地详细分析，旨在要求工程化系统能够实际避免所有甚至有意义的潜在死锁情况。

一般而言，我们采用一种调度范式，即在分配一个工作任务集的下一个执行时间之前，搜索其陷入死锁发生可能性的共享资源累积使用情况。如果发现，我们将这些任务剔除，强制其进入终止模式，然后重新进行安排设置。

---

① 死锁是指两个或多个进程，每个进程持有一组共同需要的资源中的一个，阻止并等待其他人以释放其资源，有效地相互阻塞所有过程。

这可以有效地使该任务在这个时期内释放其资源存量，使其在随后的时期内重新获得。

7.13 效用应计调度

"价值"在价值生成单位（VPU）中，是衡量 VPU 为其联邦完成所有工作的能力。价值度量标准是"应计效用"，即在特定时期内完成的所有任务订单上效用的标准化总和。如上所述，应计效用（UA）调度是任务排序的一种行之有效的手段，其完成时间需求通过 TUF 描述。

在 C2 系统中，基于当前的态势评估、可用资源和能力（如容量瓶颈）、现有策略和其他组织需求等涉及时变特征，UA 调度提供了连续评估和重新调度任务（顺序、资源、执行时间分配）的可行方法。

对于一组特定 TUF 任务订单，UA 调度逻辑过程如下：
步骤 1：对当前工作任务集进行死锁检测并提出解决方案。
步骤 2：为下一个执行时期创建潜在的计划方案（任务的顺序集）。
步骤 2.1：构建资源依赖关系图。
步骤 2.2：为相互依赖的任务创建部分计划。
步骤 2.3：删除包含死锁的部分计划。
步骤 2.4：确定线程模式（强制资源发布和清理）。
步骤 3：执行计划方案。
有关算法的详细细节与运用到嵌入式计算机操作系统中的相似。

计划有明确的完成时间要求。在组织指挥与控制理论中，我们通过时间效用函数来表示这些需求。每阶段完成时间分布图如图 58 所示，任务订单 TUF 一般适用于订单执行，特别是在执行阶段（ep）的逗留期间。VPU 可以选择将 TUF 约束应用到单独的 SAS、PGS 和 PES 过程。这是另外一个话题，这里不讨论。

图 58 显示了管理当前正在执行任务的估计完成时间的广义 TUF。该图显示，该任务的预计完成时间（T_e）是 TUF 中定义的截止时间（$t_{critical}$）。此任务的最大效用是发生在时间 $t_{critical}$ 的 U_{max}。此外，图中还描述了任务的开始时间（t_{start}）和最晚完成时间（t_{end}）。

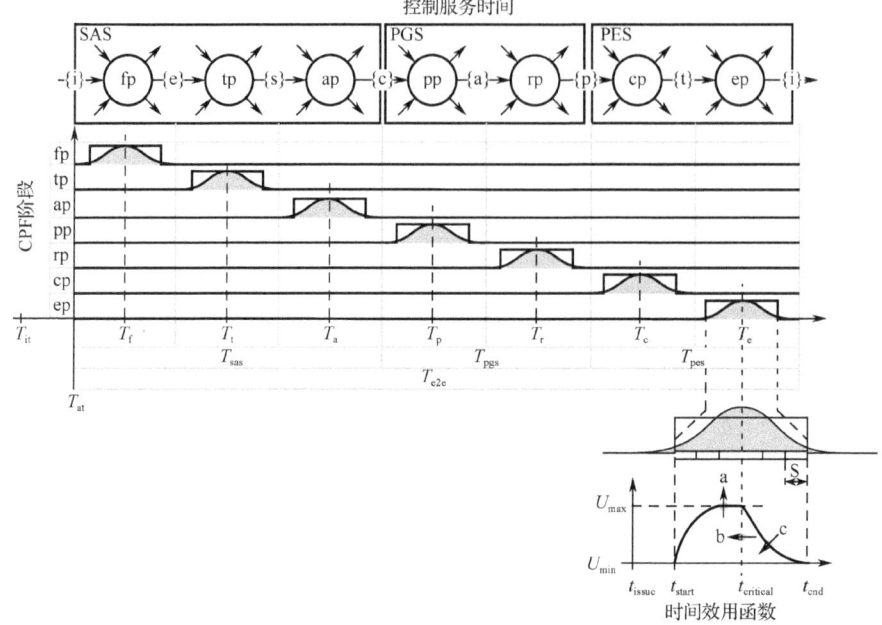

图 58　每阶段完成时间分布图

以这种方式安排的任务很简单,因为它是当前唯一可以在(ep)中运行的任务。挑战在于将任务和其他任务一起调度在一个 VPU 内,同时保留它们各自的完成时间要求。这完全类似于实时多任务操作系统中的线程调度,控制一个 CPU 的实时多任务操作系统,是时间效用函数和效用累积调度的最初来源。

多计划和多任务调度如图 59 所示,强调了 VPU 调度的挑战,此处显示了两个计划和它们各自的任务。计划 1 显示在下端 PID_1,计划 2 显示在上端 PID_2。PID_1 有计划 TUF,表示为 $PTUF_1$,PID_2 有一个计划 TUF,表示为 $PTUF_2$,代表了每个计划的整体完成时间需求。

此外,该图还标识了计划中每个任务的完成时间要求。单个需求都是广义的 TUF,表示在每个任务标示上面。请注意,两个计划都有其前任(计划 A 和 C)和后继者(分别为 B 和 D)。这些前任和后继计划也有最早的开始、关键和最后结束时间要求。因此,VPU 调度功能面临着管理前置条件和后置条件的挑战,负责开发并维持两个计划的适当顺序,特别是它们对资源和 VPU 执行能力的需求。

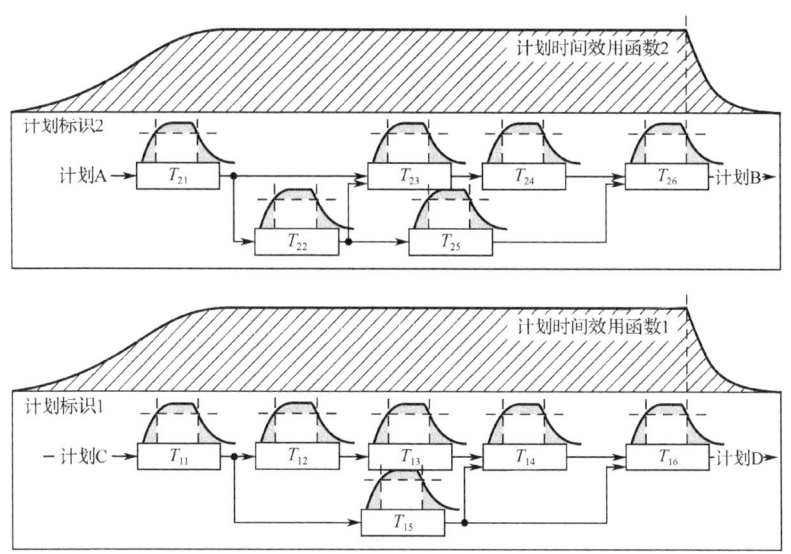

图 59　多计划和多任务调度

多计划序列如图 60 所示，表示（rp）资源预留和（cp）初始计划形成的一个可行调度。需要注意的是，PID_1 首先开始执行，PID_2 稍后再执行，但是和 PID_1 重叠。调度程序的挑战显而易见：发布两个 POR，以使每个计划及其各自任务都可以顺利进行，从而避免不必要的延迟。在此示例中，存在几种发生死锁的可能。

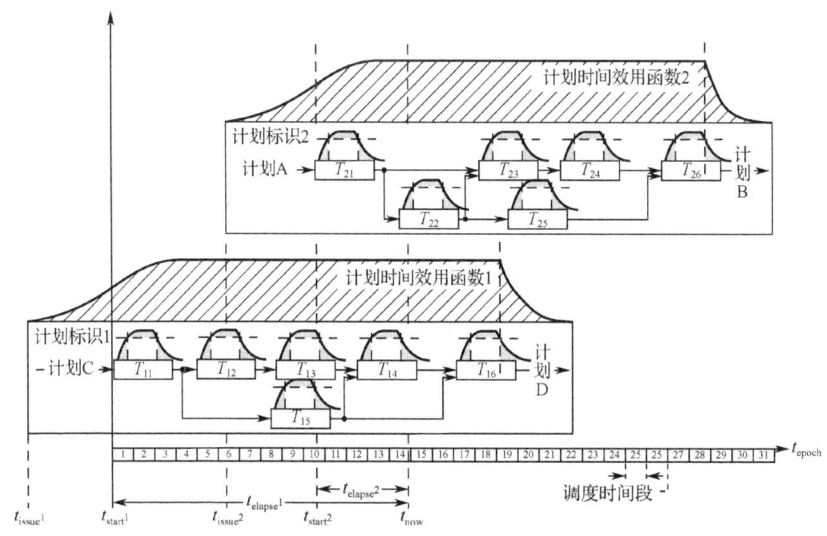

图 60　多计划序列

假设当前调度没有死锁,则 E3 的工作是通过 OpMan 管理如图 60 所示的排序,如图 27 和表 4 所示。同时,由于 VPU 的能力损失或降级(例如设备或人员故障、后勤延迟等),或由于被优先级较高的任务订单抢占,造成任务延迟时就会出现一些细微的问题。此时,E3 必须进行监督控制并做出"指挥决策"。

此时,应计效用(UA)调度出现了。多计划应计效用如图 61 所示,表示投影在 E3 "仪表板上"的可能图像,或者 EC2 飞地中的"可视公共信息",垂直绿线表示当前时间(即图 40 中的"现在")。每个计划的应计效用用水平绿线表示,从开始到"现在"。VPU 的总效用是两个计划的效用之和。E3 的工作是最大化 VPU 的总效用(如价值生成)。弯曲的实线表示应计效用,上方的弯曲的虚线表示最大值,下方的弯曲的虚线表示最小值。图 62 是显示在"可视公共视图"(图 27 中的 P5 显示屏)或 OpMan(E3)工作站上的名义执行性能。该图显示了两个不同 COI 中正在执行的计划(如处于观察或控制下的态势):根 COI 和一个标记为"A"的联邦。

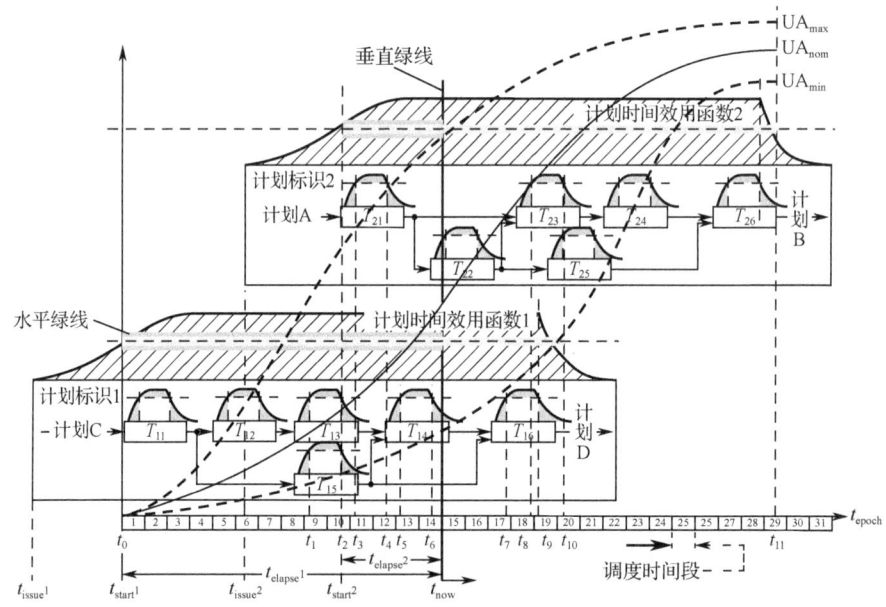

图 61 多计划应计效用

任务执行概要如图 62 所示,图中,垂直的虚线是当前时间,左边表示过去,右边表示将来。以红色线表示的计划正在实施,但预计会在截止日期后完成（菱形形状）。以绿色线表示的计划也在执行中，预计将按时完成，或更早完成。以蓝色线表示的计划已安排在将来推出。最后，以白色线表示的计划表示已完成。

图 62 中右侧的垂直指示器表示每个 COI 领域中实现的应计效用。对于根 COI，应计效用在预期值（即控制"设定点"）以下为红色。在 COI "A"内，VPU 的性能好于计划值，应计效用通过绿色显示，大大高于预期值。

我们将在第 9 章资源管理中继续讨论该主题，这是组织指挥与控制理论的关键部分，也是实现最大价值生成最有效的方法。

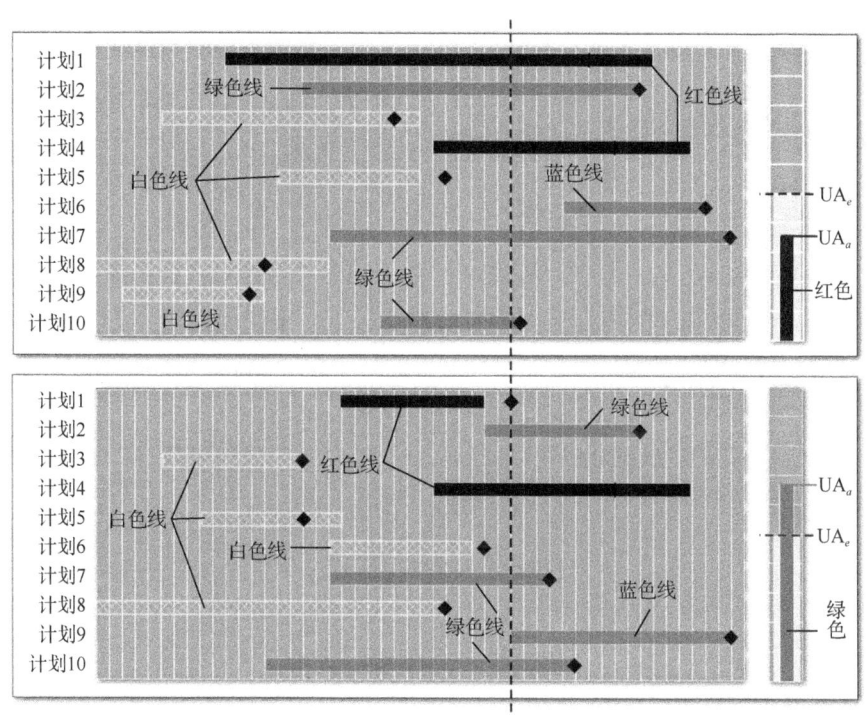

图 62　任务执行概要

第8章

组织参与协议

协作实体之间的同步行为需要正式的通信——组织参与（或"交易"）协议。本地和全球股市的交易者可以证明，交易协议对建立和维护市场至关重要。这些协议允许交易者（生产者和消费者）和市场之间进行异步通信。EC2 系统是一个广义的交易系统，商品通常是与交易实体的价值主张相关的信息和效果[①]。VPU 需要沿指挥轴（交换资产的通道）和供应轴（交易商品和服务的通道）进行异步通信。

VPU 参与（交易）协议如图 63 所示，有两个功能：它介绍了一个虚拟交易 VPU 简化的六种状态模型，并描绘了两个 VPU 之间的基本参与协议，在这种情况下，一个是产品或服务的生产者，另一个是该产品或服务的消费者。表 9 总结了 VPU 的六个主要状态。

请注意，图中所描述的情况是假定生产者已在目录服务器上登记了其产品或服务，并对消费者进行了适当的审查。

表 9 VPU 交易协议状态

状 态	功 能	输 入	输 出
S1	收到订单（出售）	询问订单 接受订单	投标订单 转到 S2
S2	接受订单和计划	订购	计划，抵达 S3
S3	发起订单	资源需求	如果[需要]{订单, S4}，那么 S5
S4	管理资源（资产）	等待资源	S5
S5	价值生产（履行）	计划和资源	生产价值（履行）
S6	更新结果	返回价值（付款）	更新结果，转到 S1

---

① 基于效果的作战（EBO）是讨论 C2 系统及其目标的有用和流行的概念基础。

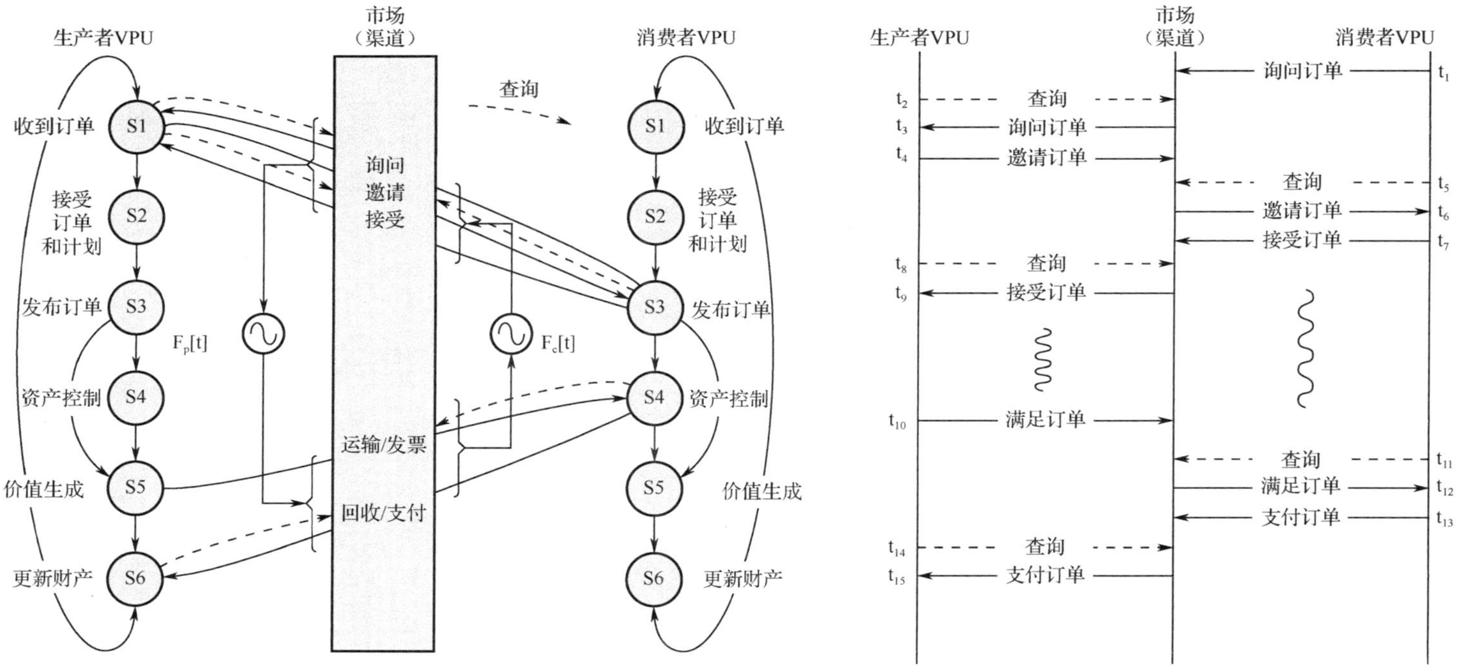

第 8 章 组织参与协议

图 63 VPU 参与（交易）协议

注意：对于固定格栅结构的"边缘" VPU，市场动态性分别由生产者消费者函数 $F_p[t]$ 和 $F_c[t]$ 提供。

8.1 组织交易协议

图 63 中描述的过程模仿在商品和股票市场的自由市场交易机制[①]。生产者或消费者 VPU 可以发起交易。为了说明这一点，我们从消费者在其状态 S3"发起订单"的过程中开始，位于图的右侧。

步骤 1：消费者发出"询问订单"，要求市场按价格提供一定数量的某种产品或服务。

步骤 2：市场（渠道），通常通过"经纪人"或者"做市商"将询问订单转交给一个或多个生产者 VPU。

步骤 3：生产者 VPU 在其状态 S1"接单"过程中接收询问订单。

步骤 4：假设生产者愿意接受订单，它就会发出一个"投标订单"，再次通过渠道（经纪人）返回到消费者。

步骤 5：消费者审查所有的投标，并找到一个可以接受的，发起"接受订单"。

步骤 6：收到"接受订单"后，生产者继续处于状态 S2（重新计划）；状态 S3 在必要时向其供应商和下属下达订单；状态 S4 在必要时开发内部能力以处理订单。

步骤 7：在 S5 状态下，生产产品或服务（价值生产）、运输（履行）订单。

步骤 8：消费者 VPU 在其状态 S4 中等待订单履行。在收到订单后，发出收货确认，并发布支付订单。

步骤 9：生产者 VPU 在其状态 S6 收到付款单（通常是一个电子资金转账），并关闭原来的"接受订单"。

一般情况下，图 63 所示的各个状态并行运行，允许 VPU 在它上面四组端口上同时接收和处理订单。但是，在每个订单运行的基础上，整个虚拟运行过程是有顺序的，如上所述。

图 64 显示了遵循上述协议的三个 VPU 供应链。

---

① 所描述的协议为了说明问题而进行了简化。例如，我们忽略在 Ask-Bid 中可能的循环，我们没有描述签约（术语，SLA）谈判过程，也不处理通常完成特定交易的货币交换机制。

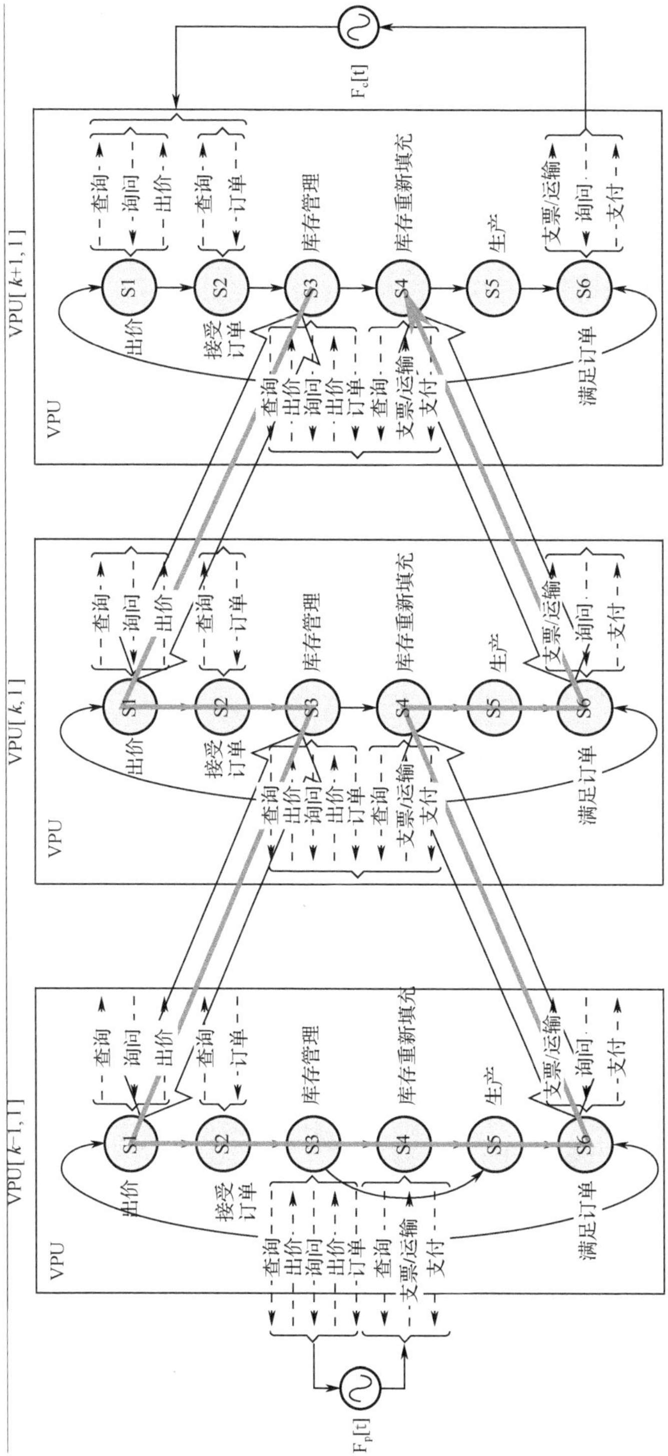

第 8 章　组织参与协议

图 64　三个 VPU 供应链

8.2 消息字段

一个假设的 VPU 间消息结构如图 65 所示,以实现前面描述的参与协议。这些信息的设计是至关重要的,因为其职责之一是支持沿 VPU 指挥和生产轴之间(参考图 10)的通信。因此,它们必须能够支持与态势评估、计划生成和计划执行等核心指挥与控制活动相关的"组织-组织"对话。实际上,它们是计划在联邦成员之间分配和协调的主要工具。因此,指挥与控制消息和相关协议是支持网络中心战的底层机制。它们代表了跨节点运行过程,被称为跨节点线程。

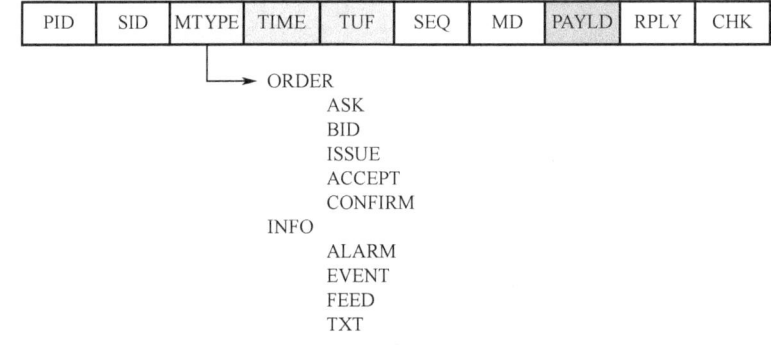

图 65　假设的 VPU 间消息结构

如图所示,组织间消息包含以下信息字段。

8.2.1 发布者 ID(PID)

发布者 ID 是消息发送者的 VPU ID。发布者可以在特定的 COI 内充当上级、下级、生产者或消费者。ID 是唯一的,并按照图 9 中介绍的 VPU 命名惯例进行形式化表示。

8.2.2 订购者 ID(SID)

订购者 ID 是消息接收者的 VPU ID。订购者可以充当特定 COI 内的上级、下级、生产者或消费者。ID 是唯一的,并按照图 10 中介绍的 VPU 命名惯例进行形式化表示。

8.2.3 消息类型（MTYPE）

消息类型字段 MTYPE 支持图中确定的（至少）两个消息类：一个是指挥（命令），一个是信息列表（{i}，如图 16 所示）。为了支持 VPU 间交互协议，订单可以是 ASK、BID、ISSUE、ACCEPT 和 CONFIRM。如果消息不包含这些命令，它携带的信息类型是信号（ALARM 和 EVENT）、信息源的订阅（FEED）或无差别文本（TXT）。

8.2.4 发布时间（TIME）

发布时间是消息已发送（或已发布）时的时间（Coordinated Universal Time）。TIME 是如图 49 所示的时间 $t_{publish}$，是在跨 VPU 之间指挥与控制活动中建立端到端时效性的基础。

8.2.5 时间效用函数（TUF）

时间效用函数是一个参数化的函数，其形式是 $u(t)=TUF[\{a, b, c\}, t]$，其中 $u(t)$ 是一个在时间 t 时刻任务的效用。图 55 中介绍的广义 TUF 的参数 $\{a, b, c\}$，描述了任务的完成时间要求。这个消息级的 TUF 对于在 VPU 之间传递的实时性至关重要。

8.2.6 序列号（SEQ）

序列号 SEQ 提供了一种机制，用来维护来自特定发布者的发布（主题）顺序，以及消息的排序，每个消息均携带计划或文件的一部分内容。

8.2.7 元数据（MD）

元数据 MD 字段包含 PAYLD 字段所含数据的语义信息。

8.2.8 有效载荷（PAYLD）

PAYLD 字段包含发布的消息文本。

8.2.9 回复（RPLY）

RPLY 字段允许 VPU 回复先前的消息（命令），同时发布（发送）自己的消息，是一种双工通信的形式。RPLY 字段的结构与其所在消息容器的结构相同。

8.2.10 校验和（CHK）

CHK 字段提供了支持各种类型消息加密技术的关键字段（如 PKI）。

8.3 通过参与协议进行协作

现在我们将注意力转向消息结构和参与协议在控制处理服务（CPS）运行中的作用。方法是提出两个 VPU 在共同协作活动时的参与协议。该参与协议涉及所有的 CPS 阶段（参考图 20）。

VPU 之间消息交换如图 66 所示，显示了两个交互 VPU 的 CPS 服务，即 VPU_a 和 VPU_b。VPU_a 充当 VPU_b 的上级或客户。相应地，VPU_b 作为 VPU_a 的下属或供应商。图中连接两个 VPU 的虚线交叉线上注明了交换的消息及其时间顺序。最后，VPU_b 下面每个 CPS 阶段的输入列出了消息 MTYPE 字段的内容。

图 66 描述了以下步骤：

步骤 1：在某一特定任务的执行中，VPU_a 向 VPU_b 发起（VPU_a 的发布渠道之一）询价订单，形式为 {i = ASK.MSG}，经过有限的传输延迟之后，在 VPU_b 的一个 SAS 输入订阅通道 {i} 上接收。

步骤 2：VPU_b 收到消息 {i=ASK.MSG}，并通过过滤 MD 字段，识别出其中包含 ASK.ORDER。过滤阶段（fp）通过事件通知 {e} 声明其到来，并将其转发给分类阶段（tp），根据此时在场的其他事件对订单进行审查。（tp）宣布该事件为态势 {s}，只要该态势没有与其他当前态势相冲突，就将其传递给分析过程（ap）。

步骤 3：（ap）获得关于 ASK.ORDER 的 {S} 描述，并查看如何使用想定数据库（SDB）或规则。假设存在这样的规则，它通过检索 ASK.COA 得到一个合理的回应或"行动方案"，然后转发给 PGS 策略过程（pp）。

步骤 4：（pp）获得 ASK.COA 并执行，对照策略数据库（PDB）来确定订单是否违反当前的策略。假设没有违反任何策略,（pp）就像资源过程（rp）一样转发 ASK.COA。如果违反策略,（pp）要么通过调整策略"修正"ASK.COA，要么向 E5 指挥官"抛出"异常。（pp）将 ASK.ORDER 发布为 ASK.POA。

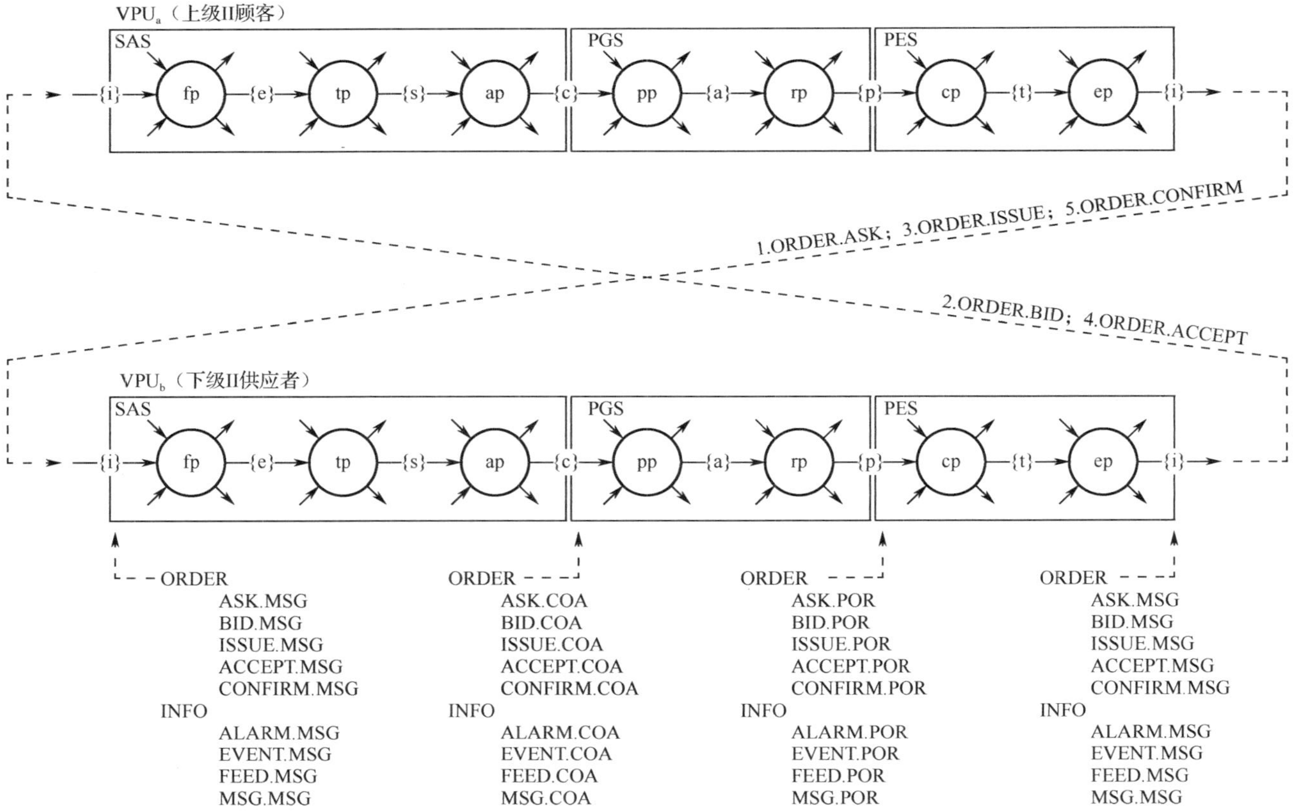

第 8 章 组织参与协议

图 66 VPU 之间消息交换

步骤5：（rp）收到ASK.COA并尝试将其"资源化"。资源调配是确定为了履行命令所需VPU资产的过程。资产包括消耗品库存、人员、制造能力，等等。如果存在必要的资源可用，（rp）根据订单的时间、质量和数量要求对这些资源进行"保留"。如果资源不能满足这些要求，E3会抛出异常。该异常可能导致E3放弃订单、延迟订单或延迟正在处理中的订单，以便释放必要的资源。如果资源配置成功，ASK.POA通过更新保留的资源字段转换为ASK.POR，并转到PES（cp）阶段。

步骤6：（cp）收到ASK.POR并尝试对其进行安排。E5（cp）在可以找到可行时间表的情况下"授权"（即"接受"）该订单。如果该订单被"预订"，（cp）向（ep）发出一个适当的任务订单{t = ASK.TO}。如果没有找到可行的时间表，（cp）要么强制对现有的订单进行重新排序，要么取消ASK.POR，释放其保留的资源。

步骤7：（ep）从（cp）收到ASK.TO并作为其第一个正式的行动，向VPU_a回复ORDER.BID的消息。然后（ep）等待VPU_a的订单确认，才实际安排ASK.POR，并将各自的POR任务单派发给下级和供应商。

上面的序列将是VPU_a和VPU_b几次交互中的第一次，最终以订单的完成而告终。这些交流被标识为：

（1）ORDER.ASK；

（2）ORDER.BID；

（3）ORDER.ISSUE；

（4）ORDER.ACCEPT；

（5）ORDER.CONFIRM。

每一步都是对前一步在订单内具体内容和履行要求的细化。从ORDER.CONFIRM到ORDER.FULFILL(未显示)之间的时期是供应商VPU_b内的"制造时期"，也是持续时间最长的时期。

图66还标识了INFO消息(即非ORDER消息)。这些消息包括ALARM、EVENT、FEED和MSG类型。每种类型都服务于重要的VPU间信令要求。我们在这里不讨论它们的用法，而是将注意力转向资源管理的作用及其在管理完成时间等方面的作用。

第9章

组织资源管理

资源(能力)管理是管理可互操作实时分布式系统的核心挑战。无论计算和通信基础设施(如嵌入电脑或 GIG)是什么,这一点总是真的。资源管理是非常困难的,无论从理论或实践的观点来看,都没有通用的解决方案[①]。然而,还有很多现实中的启发式解决方案,如用于国防空中交通管制、列车控制和电网传输配电控制等。我们的做法介于通用和特殊情况两者之间。

组织及其 EC2 系统采取一种方法,即将 VPU 定义为抽象的计算节点[②]。EC2 系统作为其组织操作系统(EOS)。该 EOS 接受并安排计划及其各自的任务和任务线程,以尽可能满足全部或至少大多数完成时间要求的方式进行。资源管理的主要目标是通过合理的资源配置,使 VPU 的整体运行效用最大化。效用是一种函数,描述了 VPU 同时履行对内和对外承诺义务的程度。

在"负载不足"的情况下,VPU 有足够的资源来满足它的义务。在"超载"的情况下,则不会满足,所以必须做出一些牺牲。牺牲可能是延迟(超越了 TUF 完成时间界限)或中止计划的执行。因此,资源管理问题是以最佳方式处理超负荷条件的问题。

---

① 已经做出了大量的技术努力,包括 Java 的分布式实时规范的开发、OMG Mach 7 内核(www.omg.org)和 ADA 编程语言等。

② VPU 的"程序"是其价值主张,以及为维持这些价值主张执行的 CPS 和 ECS 程序(服务)。

9.1 VPU 调度序列

计划执行排序如图 67 所示，显示了概念化的调度领域。该图描述了随着调度从粗粒度的保留到细粒度的线程执行策略的基本演变。图中基本的过程包括：

（1）行动计划{a}进入 PGS 阶段的资源过程（rp）。

（2）根据计划和任务 TUF，获得资源保留。

（3）记录{p}的资源计划被发送到（cp）进行授权，并插入正在运行的系统中。

（4）（cp）执行一个调度测试，以确定运行中的任务是否能在不受待定 POR 干扰的情况下继续进行；测试将根据当前战术态势、突发事件和风险审查提出意见；假设没有冲突，POR 被授权并作为任务命令{t}发布给（ep）。

（5）（ep）将任务分配顺序缩减到其组件线程，根据相关的任务 TUF 分配运行计划。

（6）（ep）根据它们的资源请求和分配给它们的执行时间，管理 taskQ 中的可运行线程。

（7）线程可能会因为运行时间耗尽或待定的资源请求而被抢占，同时，也可能会因为（ep）调度器决定强制释放资源给等待中的更高效用任务而被迫中止（在以后的时间重新安排）。

（8）计划（以及它的所有计划任务）可能会被等待中的更高效用任务抢占；或者它可能会被中止，并被迫放弃其所持有的资源和资源储备。

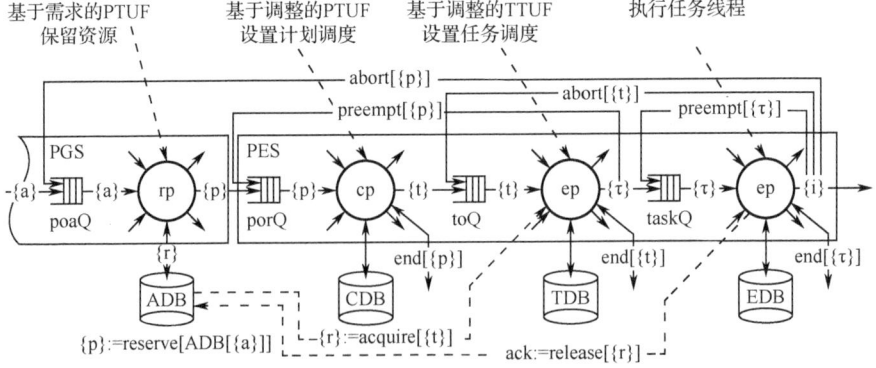

图 67　计划执行排序

图 67 还描述了计划和任务完成或发生故障而退出系统。(cp)和(ep)底部的函数 end[]，分别表示强制清理计划和清理任务。

9.2 资源保留——重访

对可重复使用资源的保留为初始调度提供了基础。建立保留的方法是一种复杂的算法，超出了本文的范围。我们在此只对该方法进行概述。

TUF 调度窗口如图 68 所示，图中的顶部显示了四个随机生成[①]和重叠的计划 TUF，标记为 TUF_1 到 TUF_4。为了决定哪些计划将获得资源保留的优先权，还需要进行额外的分析，即一个（rp）阶段。

分析的有效执行依赖于及时找到时间窗口，即 TUF 在效用最大值的某个百分比内。如图 68 所示，"剪切"因子 χ 被设置为 0.95，得到相应的调度窗口。注意，在图 68（a）中，TUF_4 的 U_{max} 在 13.0 时间单位发生。在图 68（b）中，通过在相应的"窗口"对效用进行综合来产生 TUF 的"权重"。以 TUF_4 为例，权重是 27。综合起来，这两个图为保留优先权的决定提供了基础。

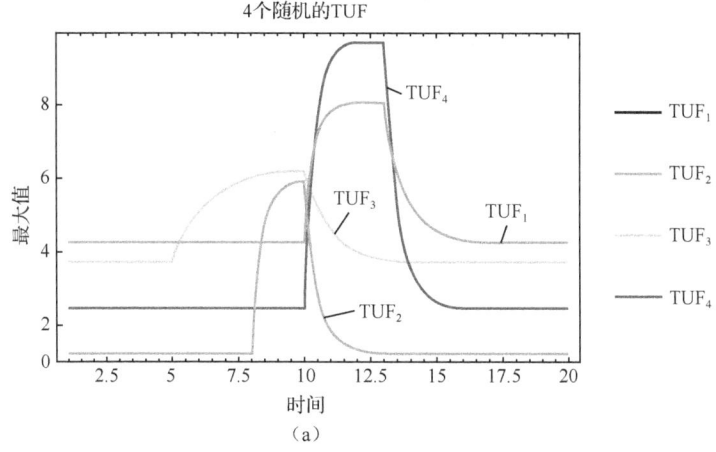

图 68　TUF 调度窗口

---

① 我们利用沃尔夫勒姆研究公司的 Mathematica V5.x 进行与 EC2 模型相关的仿真工作。

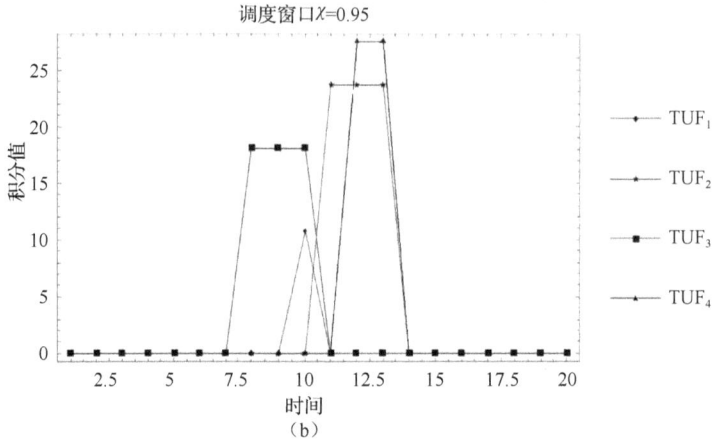

图 68　TUF 调度窗口（续）

TUF 调度理论的进一步发展是未来需要论述的问题。这里的目的是介绍效用函数在提供跨节点（trans-GIG）的时效性规范以支持分布式规划和执行中的作用。

第10章

统一指挥的结构

在最后一章中,通过系列图景总结组织指挥与控制理论和理性组织相互关联的概念。该部分内容强化了第 4~9 章讨论的理论,强调统一指挥的概念,允许主权实体(VPU)内部及其之间的协作和自同步。这些图景也可以解释 EC2 服务的作用和广度。统一指挥不是一个特定的系统,而是联邦组织治理的一致性策略。

独立自主组织之间的统一指挥要求至少具有以下功能:

(1)通过共享控制服务进行协作。

(2)通过共享指挥服务进行问责。

(3)通过标准化指标进行统一的性能评估。

(4)通过标准化交易协议来分享能力(资源)。

(5)通过策略一致性进行连贯一致的运作。

(6)通过实时资源管理和公用效用增长调度及时采取行动(敏捷性)。

控制服务提供了严格的(参与者监督的)态势评估、计划生成和计划执行能力。指挥服务提供建模、战略和运行概念开发,策略和能力开发,计划授权和性能评估。标准化的指标提供了独立组织衡量单独和集体行为的准绳。参与协议使联邦系统中可能出现"自由"市场的能力。策略一致性允许协作组织在平等的环境下根据服务水平协议开展活动。最后,分布式实时资源管理提供了在一定范围内管理任务执行节奏的手段。

10.1 指挥官的观点

指挥官(参谋)视图如图 69(参考图 27)所示,总结了我们对 EC2 角色的看法。它是满足一体化指挥与控制服务的系统,给指挥人员提供统一视图。其次，指挥人员的三个成员可能是三个独立的团队，其数量是组织规模、复杂程度及控制态势难度的函数。

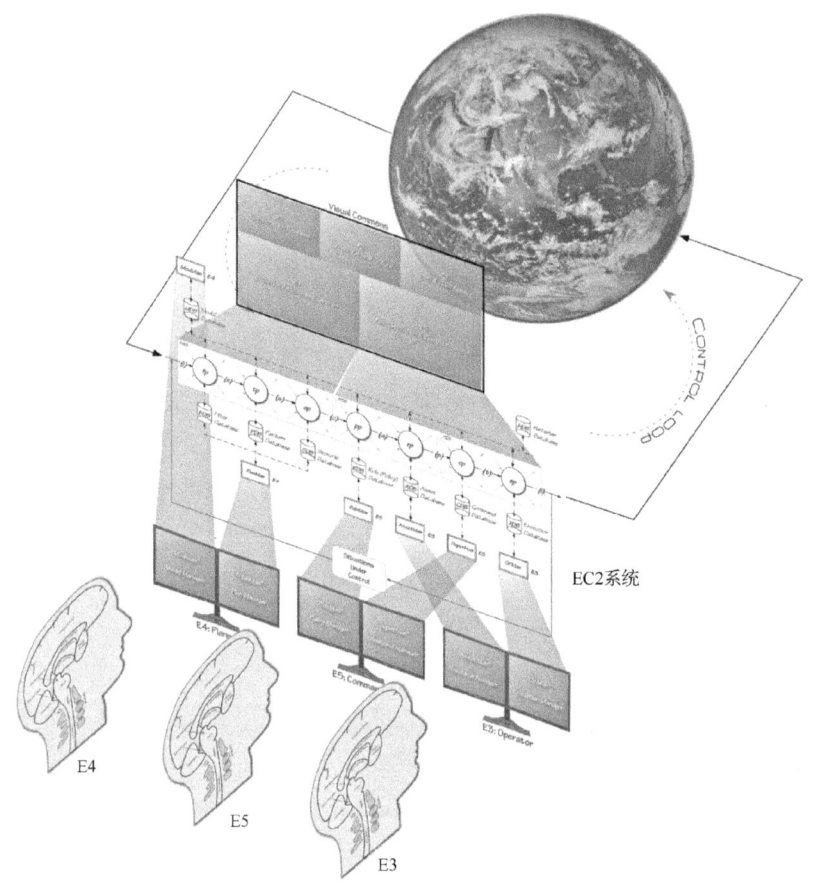

图 69　指挥官（参谋）视图

EC2 的视图显示（又名仪表板）提供了各种从微观到宏观的可调镜头，组织指挥官通过它查看感兴趣的态势。组织指挥与控制服务域如图 70 所示，提供了该镜头的形式化视图，标记有控制服务和指挥层级的粒度。该镜头其中的一个版本即是本书封面的图像[①]。

---

① 请注意婚礼蛋糕的倒置性。这意味着，底层、最深层的实体（"边缘组织"、组织结构中的战士或个人）在有效的组织治理中占有重要地位，"权力到边缘"——尊重个人的存在、权利、创造力和生产力。

第 10 章 统一指挥的结构

图 70 基于史密斯图，是一个传统的电气工程图，用来显示在传输线和射频（RF）电路中找到的恒定阻抗等值线（反射系数）。它有助于显示两个系统之间接口阻抗匹配的过程，是用于能量（信息）跨接口传输的一个关键技术要求。我们采用此图来类比组织系统中恒定的"策略领域"。

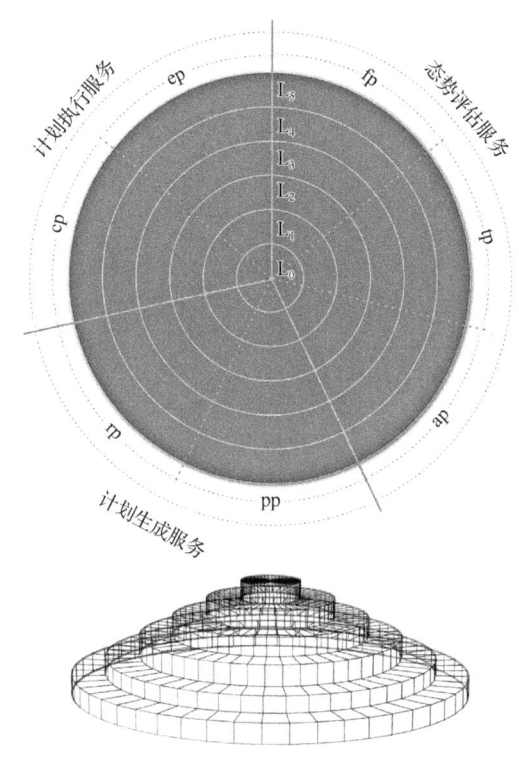

图 70　组织指挥与控制服务域

组织指挥与控制雷达（镜头）视图如图 71 所示，图中用象征性的镜头代替 EC2 桥图来简化图 69。这个图让人想起通常应用在飞机或海军船只上的雷达或声呐屏幕。雷达屏幕已被证明是有效的图形工具，用于提供追踪身份、位置、速度和感兴趣信息（事件、态势）的动态概要视图。

组织操作系统组件模型如图 72 所示，图中为雷达图的显示提供数据的 EC2 应用套件。它们共同定义了一个组织操作系统（EOS）。该图确定了五类 EOS 服务：①组织桥（UI）服务（EBS），用于支持指挥人员进行视觉交流；②控制处理服务（CPS）；③组织指挥服务（ECS）；④性能测度服务（PMS）；⑤组织平台服务（EPS）。

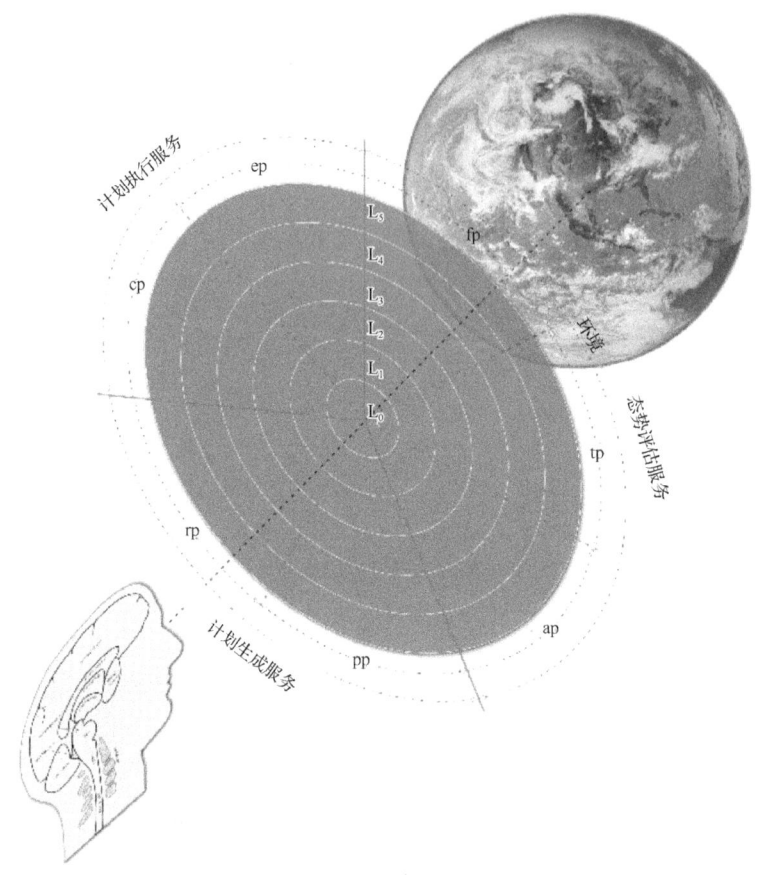

图 71　组织指挥与控制雷达（镜头）视图

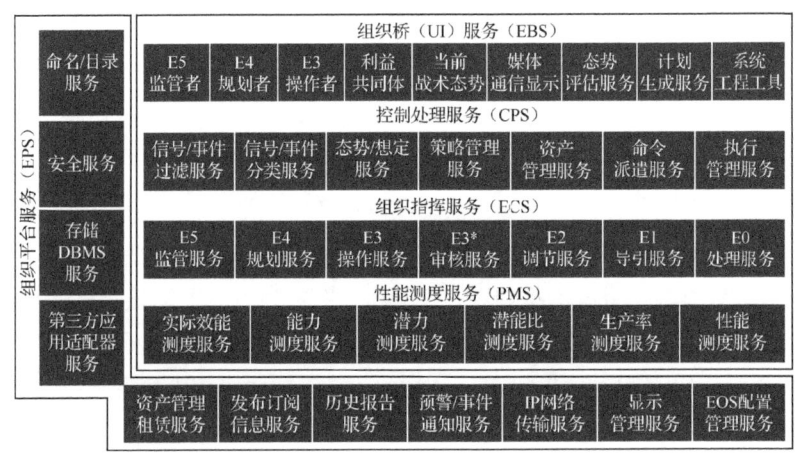

图 72　组织操作系统组件模型

10.2 组织应用程序

指挥与控制雷达视图非常直观且有用，但还有一些重要的方面没有表达出来。通过修改后的史密斯图，图 73 显示了诸多组织应用程序，这是当代组织系统的关键组成部分。它们被安排在四个象限中，描述为价值生成、基础设施、组织运行，以及生产运行。

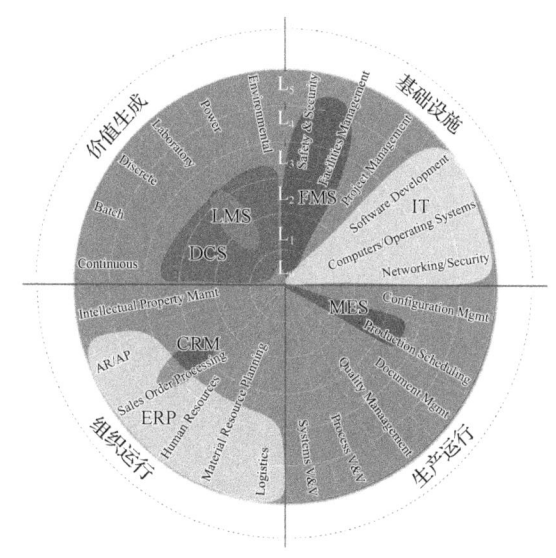

图 73　组织应用程序

EC2 系统必须和组织应用程序（EA）组件连接并实现互操作。它们通常是在大中型商业、金融、零售服务及工业制造环境中发掘出来的应用程序[①]。为了便于说明，我们用在工业制造环境中找到的几个应用注释了该图。价值生成象限包含在工厂 $L_0 \sim L_3$ 级的分布式控制系统（DCS）和实验室管理系统（LMS）等专业化和复杂的领域。请注意，$L_3 \sim L_5$ 级本质上没有实现价值生成自动化，这些应用属于其他象限。

基础设施象限包含设施自动化系统（BAS），负责环境控制（如空气调节系统、照明和物理安全），包括能源管理和通用语音、视频和信息通信处

---

① 例如，以数据库为中心，有别于负责离散、批量和连续过程控制的调节（自主）应用程序。

理技术（IT）等基础设施。这是组织 C2 特别重要的领域。例如，考虑与当地、州、联邦机构和其他组织实时、安全和可靠合作，应对自然灾害和恐怖主义灾难造成的生命和财产风险，其业务连续性必须关注有效的合作和联合行动。

组织运行象限在过去十年中已经备受关注。这个领域的两个主要应用包括在 $L_3 \sim L_5$ 级中的组织资源计划系统（ERP），以及在 $L_3 \sim L_4$ 级中的客户关系管理（CRM）软件。该象限具有丰富的应用程序，许多是为特定组织的特定运作水平而定制的。在这一象限中，仅 ERP 技术的数量预计将以年复合增长率 4.8%增长，从 2005 年的 167 亿美元增加到 2010 年的超过 210 亿[1]。这一增长将部分归功于 ERP 应用进入低级别环（如制造）并跨越到生产运行象限。这个扩展需要先进的 EC2 概念，以对事务性 ERP 服务进行补充。

生产运行象限对于工厂就像组织运行象限对于业务基础架构（IT），一个是另一个的平台。生产管理服务包括质量、文件、生产计划、环境、标准、维护、原材料管理和相关的支撑应用。这些应用构成了工厂的制造资源计划（MRP）服务，无论其是集成的还是独立的。与企业级 ERP 一样，MRP 也提供工厂级别的 EC2 使能服务。在 EOS 中（图 72），组织平台服务（EPS）类别包含一个标识为"第三方应用适配服务"的子类别，提供接口连接以连接图 73 中所确定的那些组织应用中。

类似于图 73 所示的商业环境，军事指挥与控制应用如图 74 所示，显示了与国防有关的主要组织，预计将受益于统一的指挥与控制。该图还显示了当前的指挥与控制能力域，特别是全球指挥与控制系统（GCCS）应用[2]，其支持"联合特遣部队"（JTF）[3]。该图还强调了在遍布广泛的国防组织中实现"统一指挥"所面临的挑战。

---

[1] ARC 顾问集团公司，马萨诸塞州戴达姆。
[2] 识别（目录）许多与 GCCS 相关的重要 C2 应用。
[3] 在该空间中当然有极大量的应用；如果不显著增加显示区域的大小，就会由于信息太多而不能在我们的 EA 雷达地图上绘制显示。

第 10 章 统一指挥的结构

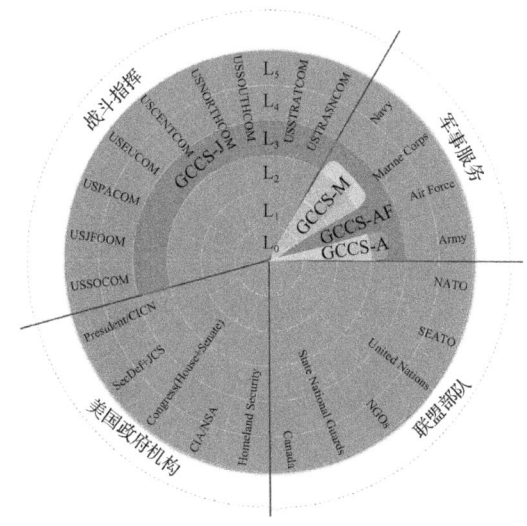

图 74 军事指挥与控制应用

10.3 统一指挥

统一指挥包括统一指挥官在其作战域的视图。该视图一定会包括一套指挥与控制服务，以及基础信息服务应用程序（EA）。这两个元素有效地定义了镜头，组织可以通过它来察觉环境内部态势，并对其做出反应。商业和军事领域的 EC2 镜头如图 75 所示，工商业和军事组织的指挥官分别在其控制域内部和跨控制域之间，通过镜头查看他们各自的组织活动。

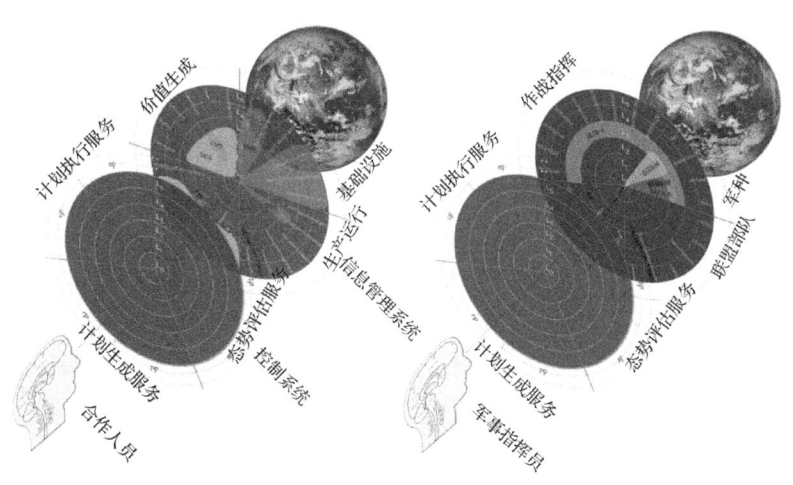

图 75 商业和军事领域的 EC2 镜头

业务单元 EC2 系统如图 76 所示，显示了支持商业组织指挥人员（E5-E4-E3）的 EC2 桥（其"治理"系统）。同时，它也可以支持在上级公司结构中扮演下属的 E1 级（参见图 23）参与者。

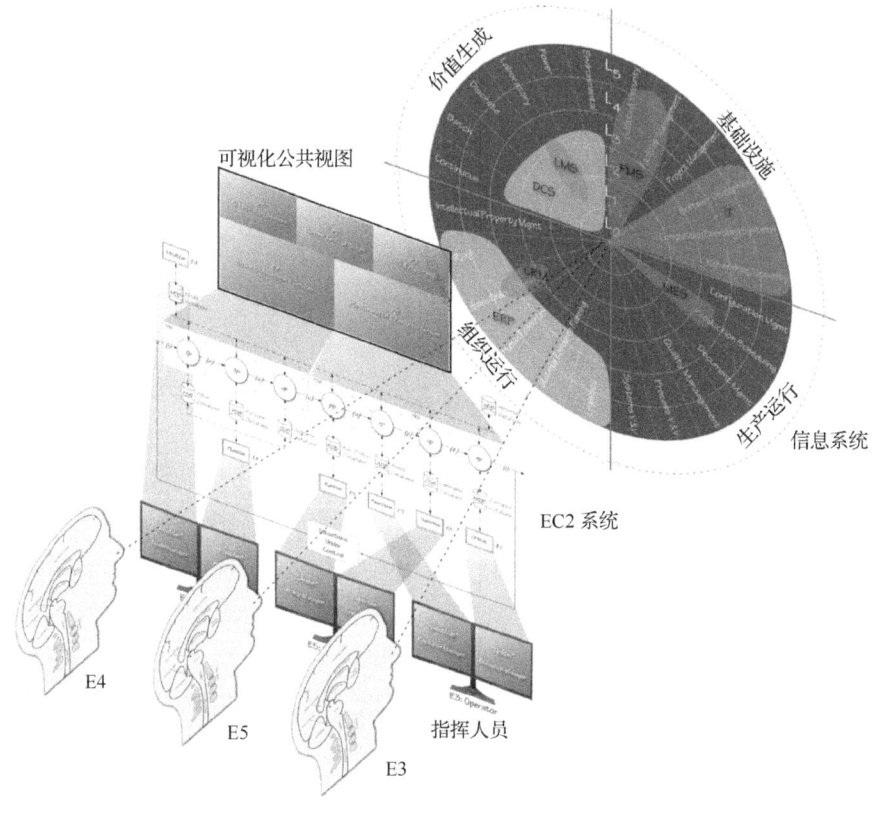

图 76　业务单元 EC2 系统

分区 EC2 系统如图 77 所示，将这个视图提升到区域级指挥与控制，即在更高层的组织背景中查看多个业务单元的协作情况。这里使用分部门的 EC2 系统来管理和应对下属组织单元（业务单元 A、B 和 C）的态势。

公司人员中的 E5 关注业务单元 A 内的价值生成（价值主张），特别是工厂执行层（L_5）的指挥（cp）活动。与此同时，公司团队的 E3 专注于业务单元 B 的工厂层，特别是通过过滤（fp）信息进行事件搜索，这些事件可能意味着一个或多个感兴趣的态势状态变化。最后，如图 77 所示，E4 对业务单元 C 中第 2 级运行的相关想定（ap）有浓厚兴趣，可能在寻找经验教训或可重复使用的行动方案（COA）。

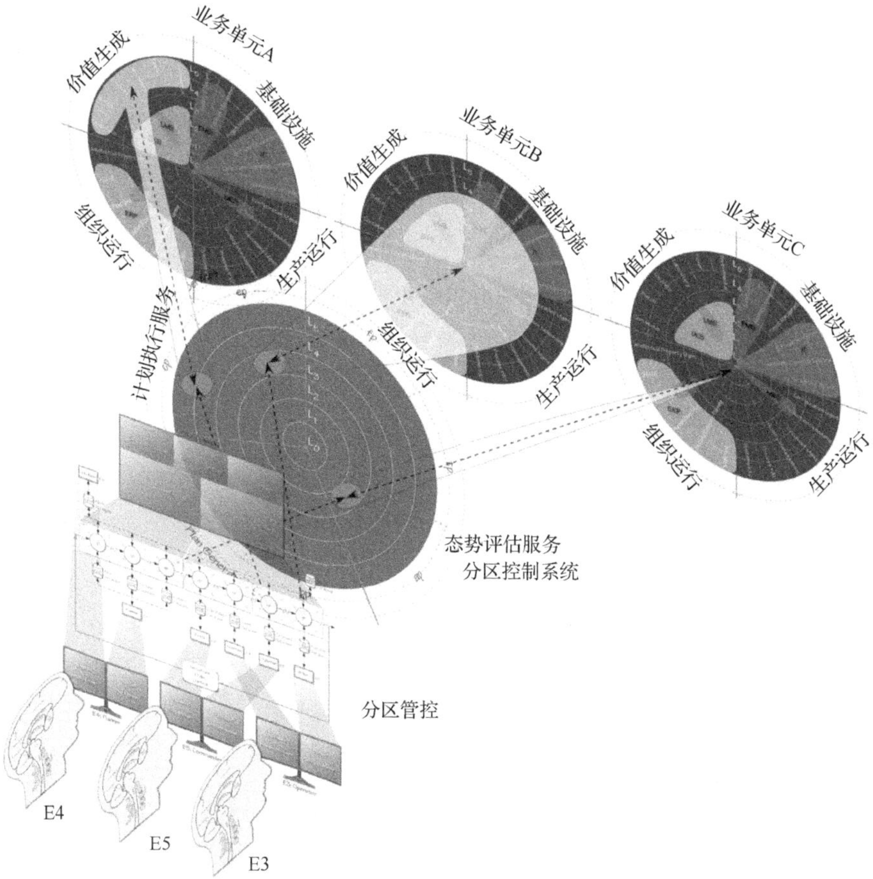

图 77　分区 EC2 系统

10.4　联邦系统

理解联邦系统有两个视角，它们涉及系统是否处于合作或竞争状态。此外还有第三种情况，即相互忽视对方或单独运作，其后果往往是微不足道的。我们主要的关注点在于合作组织之间（之中）的协作安排。

10.5　合作竞争

俗语"合作竞争"描述了一种熟悉的情况，组织经常发现自己同时与其竞争组织之间有合作关系。在点对点生产网络中（如供应链），它们可能在市场上存在竞争，但同时，它们在策略或事务机制上也进行合作。这样的情况对组织指挥与控制系统和指挥人员的功能提出了特别要求，它们必须在这两种情况之间进行切换。假如组织在多个环境下运作，就特别具有挑战性，因为在每个环境中可能都有"竞争合作"的情形出现。

合作竞争态势如图 78 所示，显示了在一个双方博弈的过程中，两个组织及其指挥人员的对峙。两队坐在他们的网络连接的 EC2 桥控制台前，在一个或多个"网络空间"中合作或竞争。每个团队负责监测和控制自身（单方面）态势。同时，它们合作或竞争的兴趣也涉及监测和控制某些全局性（多边）态势方面。在全局态势中，它们各自的 EC2 系统必须以某种形式化的方式相互作用，如在第 7 章和第 8 章中讨论到的，特别是组织参与协议。

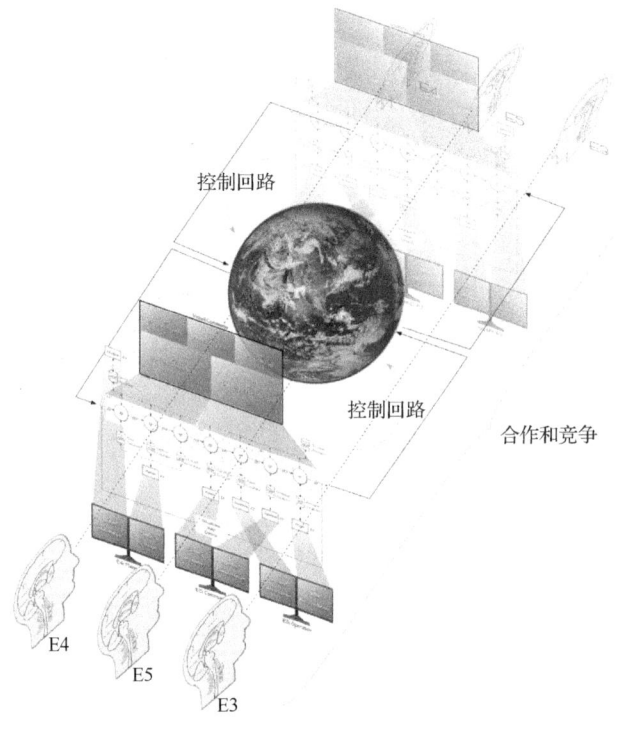

图 78 合作竞争态势

在协作的情况下，不仅在现实世界中互动，而且他们的 EC2 系统也允许进行连接，并使用前面讨论的发布-订阅机制，共享信息、能力和行动方案。协作接口如图 79 所示，使这些控制阶段的联系变得相对明确，显示了两个串联和同步的组织共同进行控制的情况。

第 10 章　统一指挥的结构

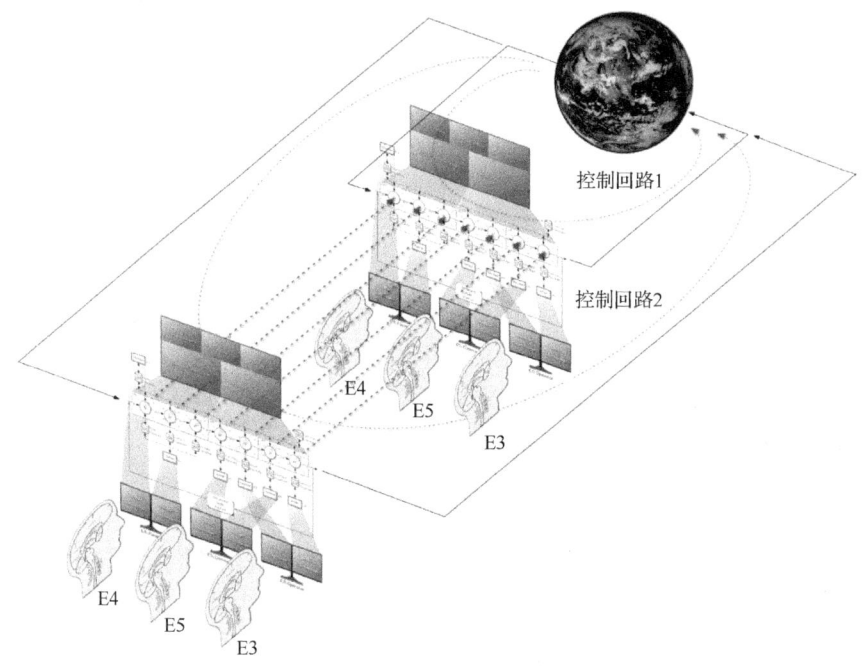

图 79　协作接口

在竞争的情况下，连接两个组织的（发布-订阅）通道将不存在，或者说如果存在的话，某种程度上来说，一个组织可能秘密监听另一个组织的运行。它们唯一合法的交互将是观察现实世界彼此的动向（市场或战场）。可以预计 EC2 系统将具有相当高的安全性，秘密工作应集中在两个具体领域：①在 EC2 系统的发布-订阅过程中；②在底层组织应用（EA）系统、交易信息存储库及其包含的情报中。

联邦商业运行如图 80 所示，描述了商业联邦的指挥结构。该图是组织（A、B、C 和 D）共同形成的合资企业（J/V），并授权其管理机构负责实现特定的价值主张。价值主张，在合资企业的使命中，被图解为两个"合作支柱"。联邦级 EC2 系统提供实现这些主张的所有下属组织层级的运行视图。

这些支柱被图形化为穿越每个组织特定信息系统的线性管道。这种线性构型实现了一定程度的图形简化，但也不太可能和真正系统运行线程的方式一样。该线程将最有可能在不同的指挥层级、不同的组织和不同的组织应用系统中穿插交织。该图旨在加强协作构想，作为业务架构定义联邦的参考术语和联邦管理的对象。注意图中的每个组织都保留其 EC2 桥和其自主运作的主权。主权妥协（compromised）很少发生，除非是联邦在某些程度上具有合格的指挥与控制联合使命的能力。

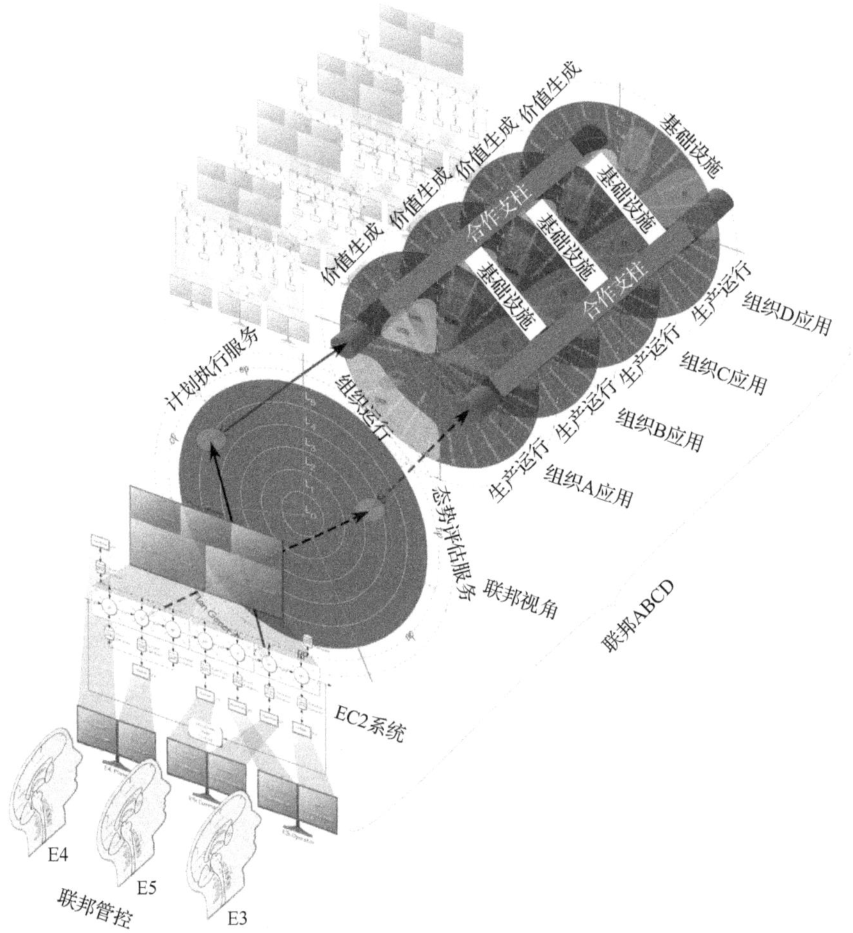

图 80　联邦商业运行

联合部队指挥如图 81 所示，从一个联合特遣部队（JTF）或作战指挥官（COCOM）的视角看运行在"联合"军种能力中的任务。该图显示了四个军种，均受到其各自指挥官的指挥（如海军作战指挥官，CNO），每个军种都有自己的 EC2 能力。如前面所讲，联合的概念被表示为通过各个军种治理系统驱动的合作支柱。该图显示了联合军事行动，包括三个这样的支柱（联合系统柱或联合线程集）。

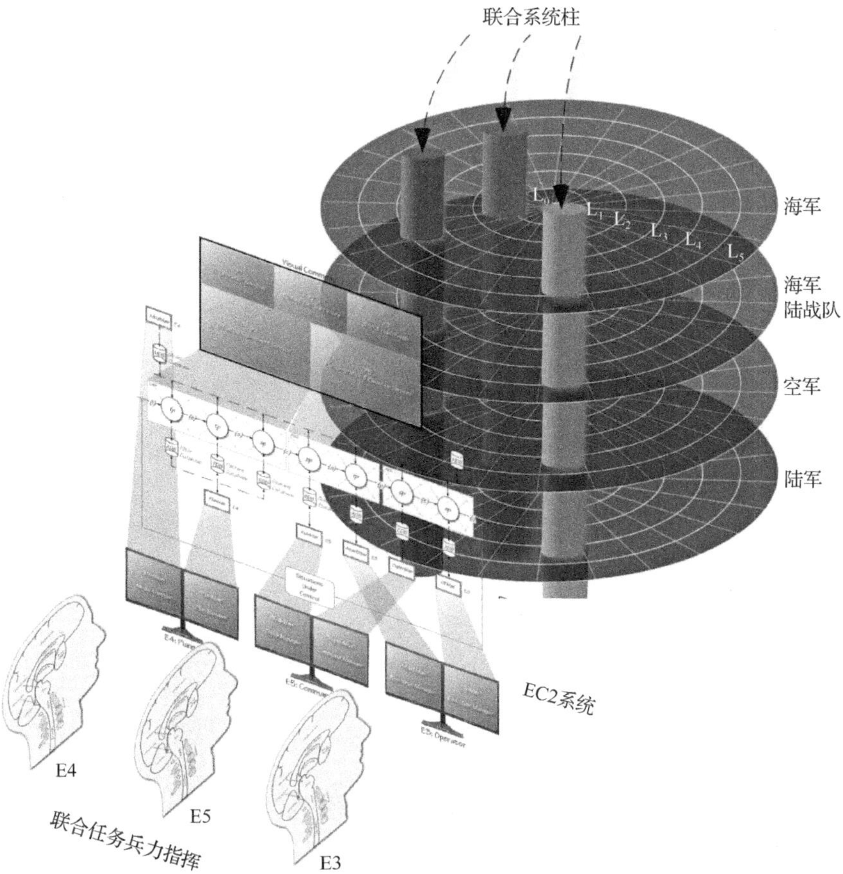

第 10 章 统一指挥的结构

图 81　联合部队指挥

在美国，50 个州主要负责它们地理范围内的管理责任，享受着很大程度的自主权。对于自然和恐怖灾难防备、响应和恢复，它们负有"首要"责任。为此，它们通常与周边州和联邦政府形成"互助协议"，处理超越自己能力大小的重大紧急情况。这种协议也适用于火灾、地震、龙卷风等自然灾害，以及协助民事执法和国民警卫队处理犯罪和恐怖事件的情况。因此，国家应急管理机构代表美国在提供本土防御方面的基石。例如，将 EC2 概念应用到威斯康星州，就会生成如图 82 中所示的威斯康星州应急管理。

继续以这种形式给大家留下最后一个视图，一个来自美国联邦组织的国家级指挥层级。想象一下，一个 EC2 飞地（如白宫"态势室"或"国家事故管理系统"），适当委托（授权、策略限制和能力资助）指挥人员连续监测（预测）和辅助协调自然灾害和恐怖主义灾难态势的响应。这些态势在本国和外国（盟国）的地方、州和国家级地域展开，必然包括美国联邦和联邦外政府的许多部门和机构。这种观点促使我们提出了组织指挥与控制理论。

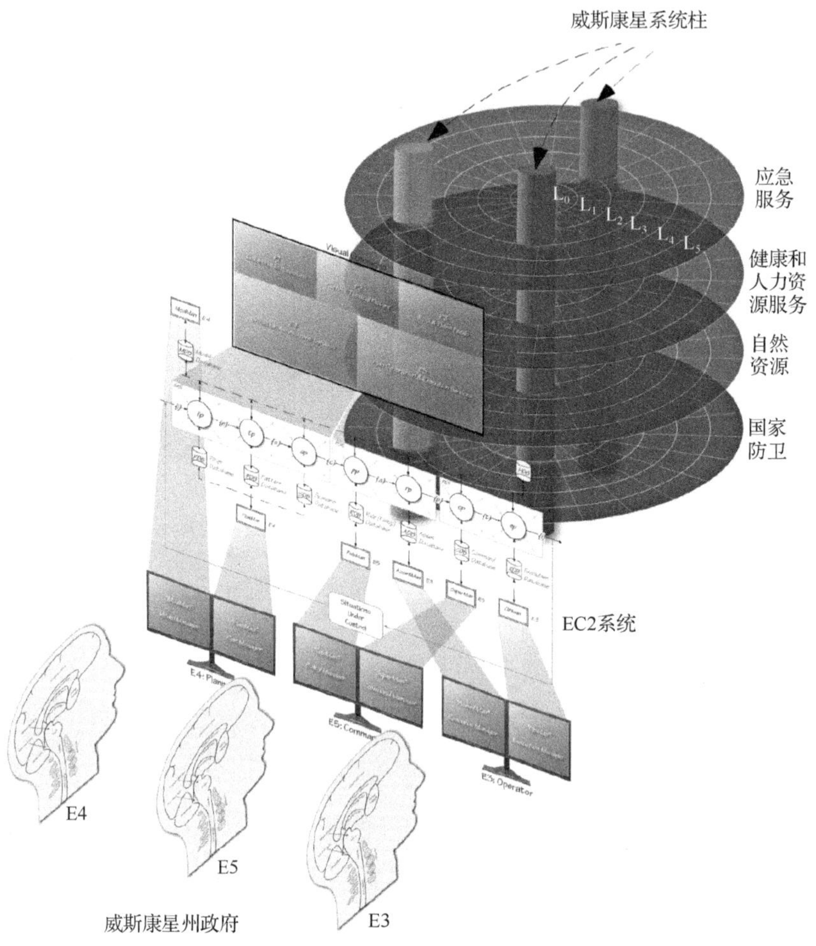

图 82　威斯康星州应急管理

如图 83 中的系统，为美国国家指挥（POTUS、CINC）刻画出了一个理想的统一指挥结构（UCS），可详细查看关键的联邦组织，包括美国国防部（DOD）、国土安全部（DHS）、司法部（DOJ）、50 个州及 40 多个县和地区政府组织。这样的统一指挥结构可以合理地提供包含组织指挥控制服务兼容形式的所有下属组织，这些服务能够与其他组织系统垂直地沿着指挥轴和水平地沿着生产轴进行互操作。

统一的指挥与控制是"更完美联邦"发展演化的下一个逻辑步骤。统一

第 10 章 统一指挥的结构

指挥与控制是一个概念,是对《美国宪法》及其附带的《权利法案》中规定内容的扩展和实施。它通过与网络媒介的适当协作,为民用和政府组织治理提供了共享和合理管理服务的一个现代化的技术使能手段。

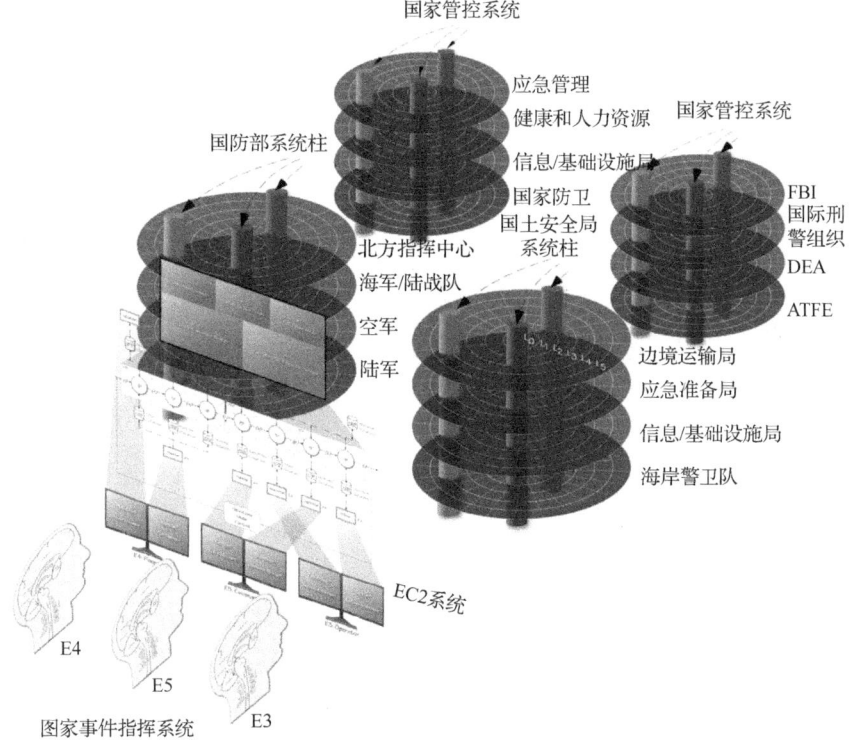

图 83　国家运行领域

 附录 A

控制论

控制论,在更一般的定义中,关注的是大型动态组织系统的生存能力(有效治理)。一阶控制论关注一个特定的系统、系统内部行为及其软件过程;二阶控制论关注系统运行的环境及其环境的软件过程。这两个方面一起刻画了系统关键状态的可观察性和可控制性。

自然(生存的、活的)系统通过感知和适应内外部环境进行生存。因此,控制论从活的有机体及其运行的生物圈中学习到很多系统科学和指挥控制知识。由于我们的工作主要关注于组织治理中的价值判断,因此我们从人类神经解剖系统中受到启发,从而进行的 EC2 设计是符合逻辑的。

统一指挥与控制的主要目标,是在组织的各个层面给指挥官提供系统和服务,以支持他们意图的协同表达和执行。指挥官的意图如图 84 所示,不论是有意识还是无意识的,都是主要通过感官感受到的,或是从世界的第一手经验推导而来,并得到认知和潜意识过程的结果。管理概念的根本是实时管理我们自身及其在世界中不断变化的各个方面。因此,在实践个人指挥控制的方式中吸收自然界提供的经验教训是很有启发意义的。

在寻找已有的模型来帮助定义通用的指挥与控制时,我们需要寻找的是自然界所提供的指挥官神经解剖系统的功能、结构和性能方面的经验。从这个角度处理该问题是控制论科学的标志,即研究动物和机器中的通信和控制。

可以肯定,技术上的指挥与控制系统是设计用来支持人类特权的人造机器。为了更加有效,它们必须能够治理日益复杂的技术、社会和政治态势。此外,我们的习惯是以一种模仿我们自身行为的方式设计信息系统,倾向于将自己置身于设计空间的中心。

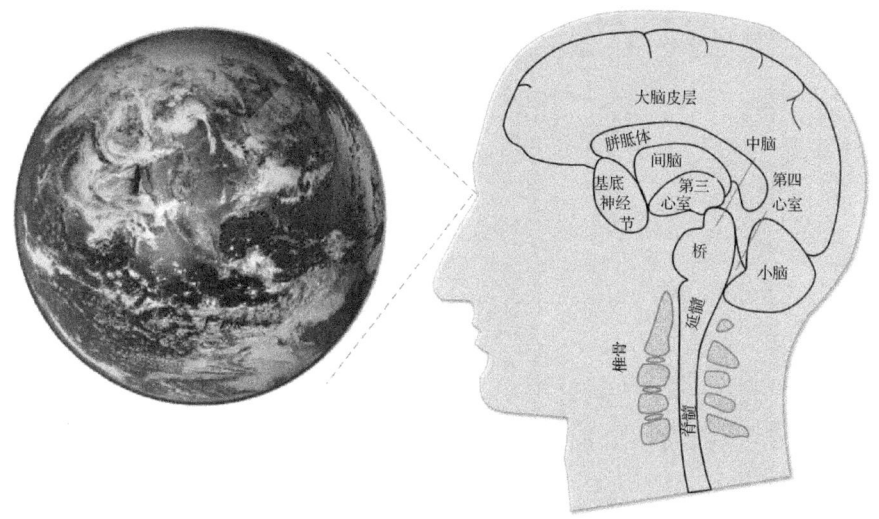

图 84 指挥官的意图

那么,内部指挥与控制功能如何运作,以及这些运作对技术指挥与控制系统的设计有什么启示呢?简要答案如下。

简化的人类 C2 基础设施视图如图 85 所示,它沿垂直的"指挥"轴识别控制的 5 个"层次"。这 5 个层次包括:

第 1 层:最低水平,负责数据采集和自主处理;

第 2 层:负责层次 1 功能之间的协调;

第 3 层:将感觉运动通路和来自脑神经的信息进行集成;

第 4 层:通过识别的刺激和响应模式,负责集中、关联、平衡和预期;

第 5 层:形成意识和意志。

反射弧如图 86 所示,提供了对第 1 层"反射弧"的近距离观察。描述了沿传入的信息流所流经的路径,从皮肤传感器神经传入,通过脊髓,向传出神经肌肉组织传出。关于这条路径功能的一个例子是当我们碰到高温东西时的典型反应,自主神经反射响应导致我们马上会离开高温东西。反射弧是控制的横轴线的最低水平。

在脊椎动物中,横轴高度发达。它支持无数的反射弧将感觉输入连接到全身的运动输出。然而,这些弧并不是孤立地起作用。它们通过运行椎旁神经中枢的神经进行集成,沿着身体的指挥轴线垂直运行,平行于脊柱神经。

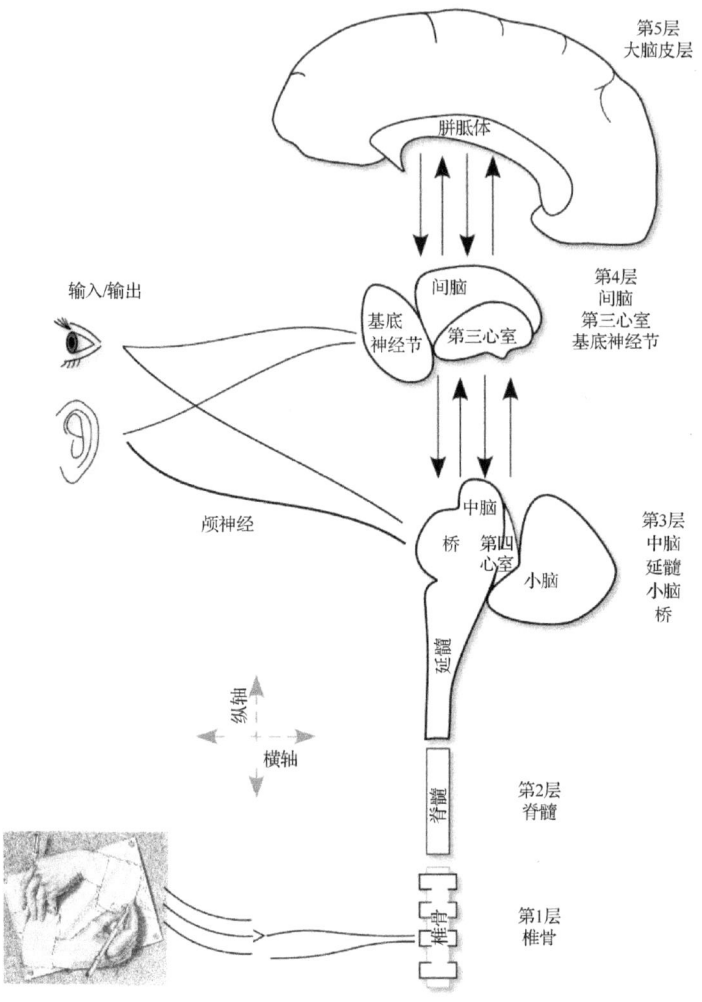

图 85　简化的人类 C2 基础设施视图

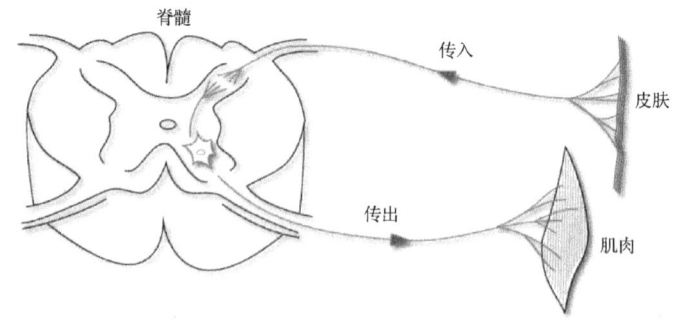

图 86　反射弧

横轴线通信和协调如图 87 所示，显示了椎旁神经节的一个片段，其中，反射弧在垂直和侧向上交叉。我们副交感神经系统的这个片段既提供了脊柱指令之外的信息路径，也提供了支持专门自主神经行为（如心率控制①）的局部控制手段。

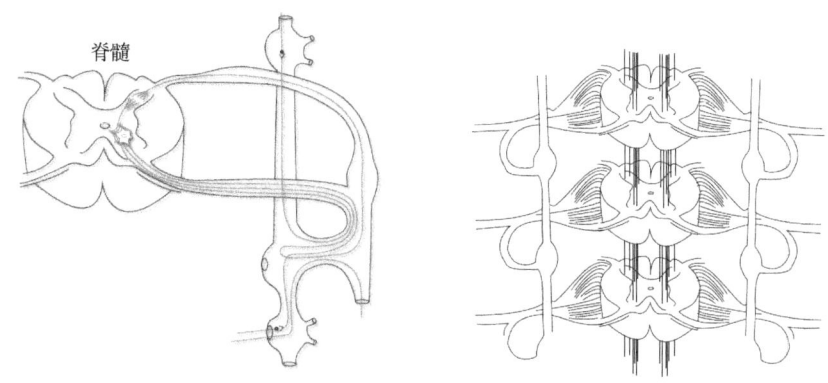

图 87　横轴线通信和协调

如图 88 所示的中枢神经系统为层次化控制结构（如统一的指挥系统）。该图确定了四个内部子系统（运动、心脏、肺和皮肤）及其半独立和自主控制过程。此外，颅神经支持视觉、嗅觉、声觉和味觉进入大脑的皮层区域，通过基底神经中枢汇集来自垂直指挥轴的信号。

四个子系统各自负责潜在的重叠"控制域"，标识在图的左侧。各个域的行为由相应的子系统调控，同时又通过交感神经和副交感神经监督，在层级 3（E3）脑桥髓质终止。

控制论 C2 系统模型如图 89 所示，描述了控制论推动的指挥与控制模型，它源自神经解剖学模型。该指挥与控制模型引入了与论文中处理办法相一致的标签。该模型有着丰富的历史。其最有说服力的支持者是第二次世界大战后英国著名的运筹学家、曼彻斯特大学管理控制论学科的创始人 Stafford Beer。Beer 博士的贡献是他经典的"活系统模型"（VSM）。

EC2 控制器模型如图 90 所示，描述了下一个形态，从控制论模型到形式化 ECS 模型，包括在监管中涉及的管理参与者，即执行我们大脑皮层角色

---

① 在这个简化的介绍中，我们忽略了体内其他关键反馈控制系统的相互作用，特别是激素系统及其对神经突触性能的影响。

的 EC2 认知元素。

在本附录的最后，我们将就认知和心理地图在保持世界视野及让 EC2 系统预测近期和长期事件方面的作用做一个特别说明。我们的猜想是，EC2 系统的预测能力会使它们变得更加敏捷。这种预测的时间深度决定了我们规划范围的边界。

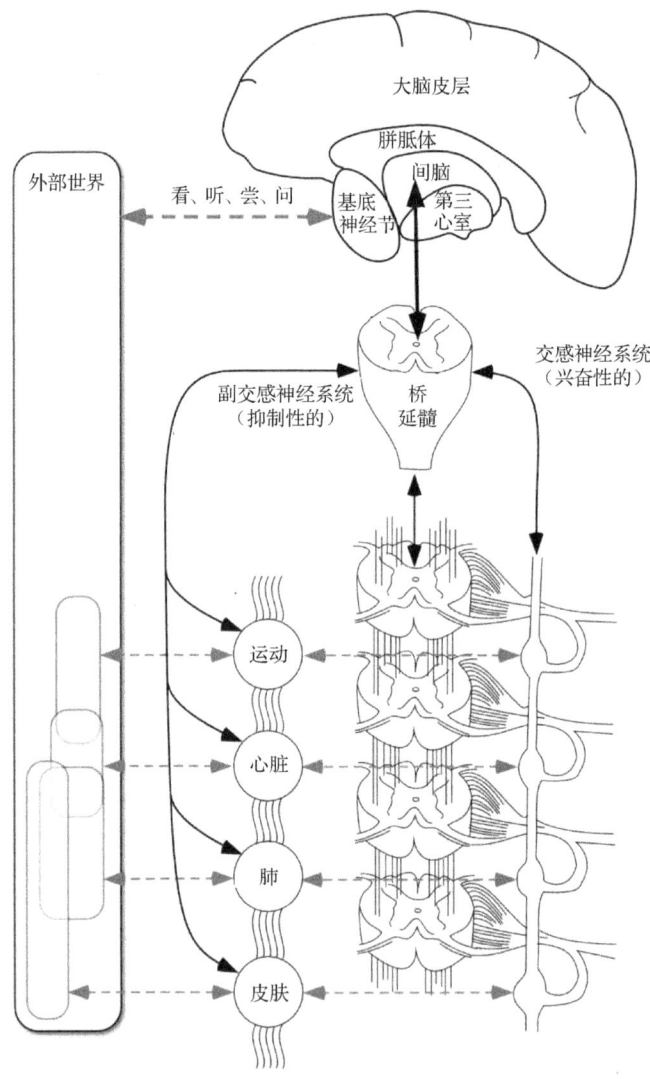

图 88　层次化控制结构

附录 A 控制论

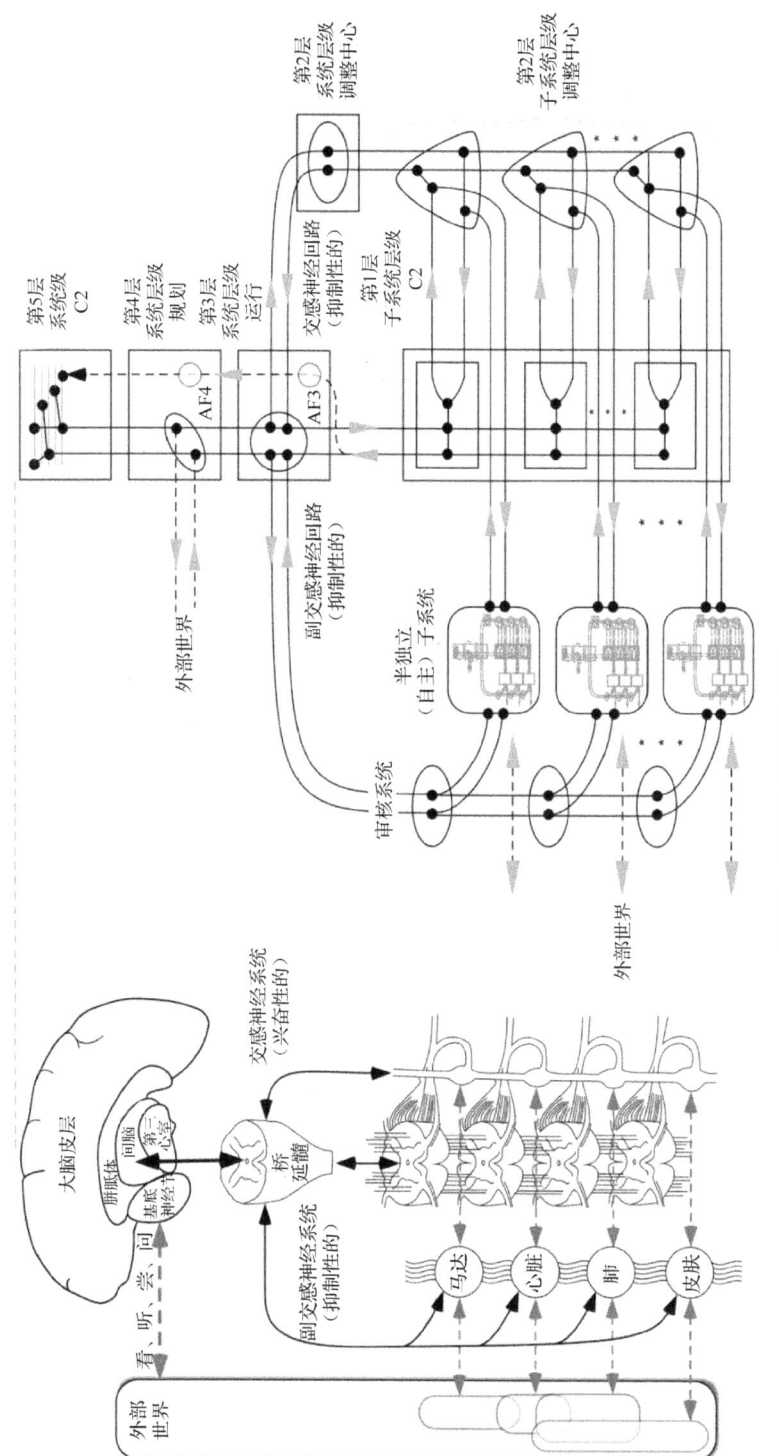

图 89 控制论 C2 系统模型

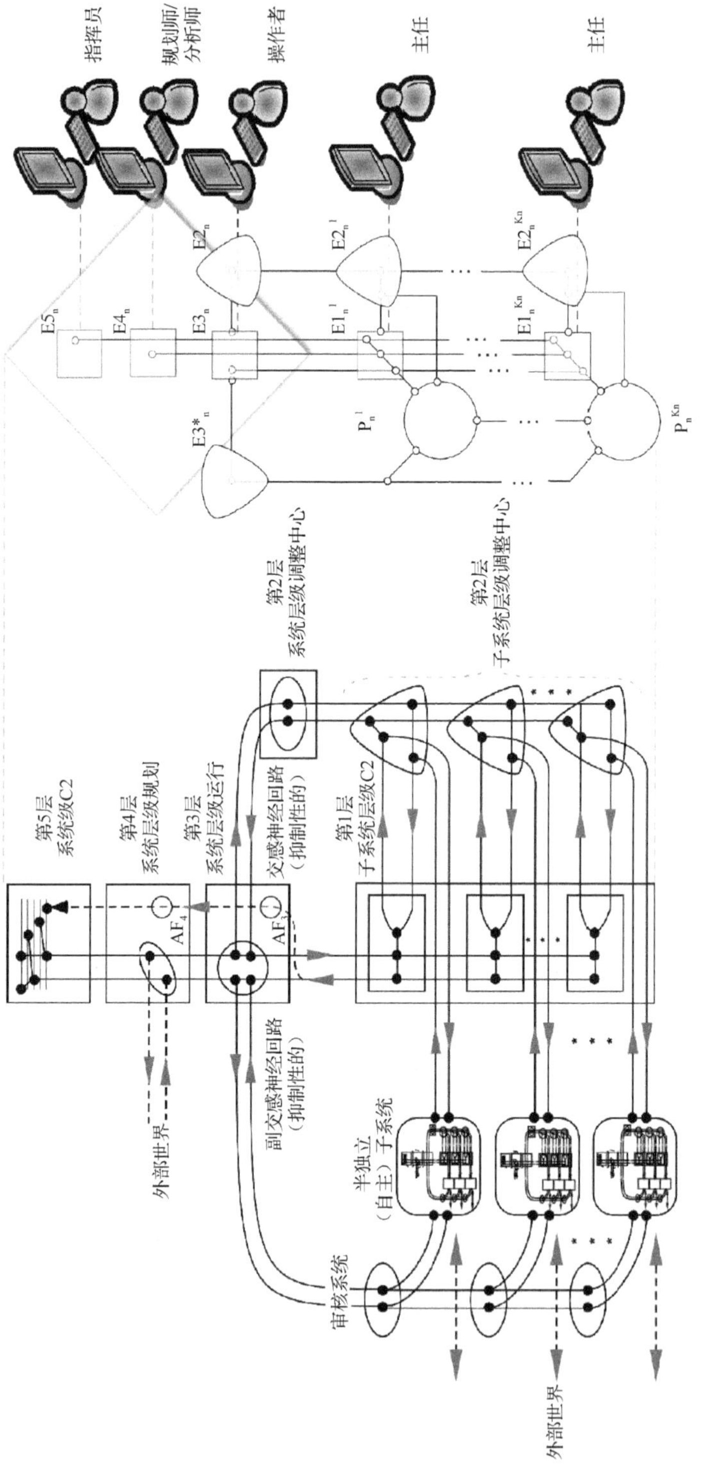

图 90 EC2 控制器模型

附录 A 控制论

杰拉尔德·埃德尔曼博士和他的同事在神经科学研究所开发出一种引人注目的能够承载意识的大脑电化学能力理论。该理论的关键要素是"重入地图的概念",即大面积不光滑的神经元,其复杂的互连(包括反馈结构)为我们的记忆功能提供了基础,低层次自主行为的记忆(如眼球运动、视觉模式识别、心脏搏动、呼吸、平衡)可以引起对往事有意识和潜意识的回忆。根据这一理论所述,我们的记忆系统记忆的并不是数据本身,而是一种关于事件刺激响应所形成的复杂序列的存储模式。有选择性地刺激(如气味)能够触发这些序列的回放。

地图必须"重入",因为它们在任何时间和空间中都具有相关性,而且意识需要经过平行的、嵌套的、往往是错综复杂的思维过程。重入还要求地图保持"不变",以一种规范的形式表示一种感知或行为模式。通过重入地图学习如图 91 所示,描述了一种重入神经图谱的功能,它由传感器(或其他图谱)的传入冲动供给,作为其操作的副产品,产生了一个传出冲动流到效应器(或其他图谱)。这种映射是 E5 操作的核心,如图 90 的左侧部分所示。

组织指挥结构是组织指挥与控制系统模型的基石。EC2 控制器细节如图 92 所示,提供了一个更为详细的视图。E5 通过一个位于其 Y 和 Z 通信通道之间的重入图来表示。这种表示方式有两个目的:一方面,它提醒读者,E5 是 VPU 的意识元素,即价值判断和意志的核心;另一方面,指出敏捷性和生存性(活性)是建立在基于习得行为模式的有效指挥基础上的。这一认识直接导致了第 5 章介绍的这些控制处理服务的序列,以及它们支持学习和重用的能力。

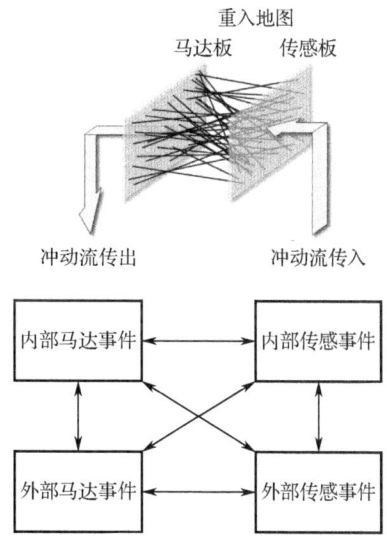

图 91 通过重入地图学习

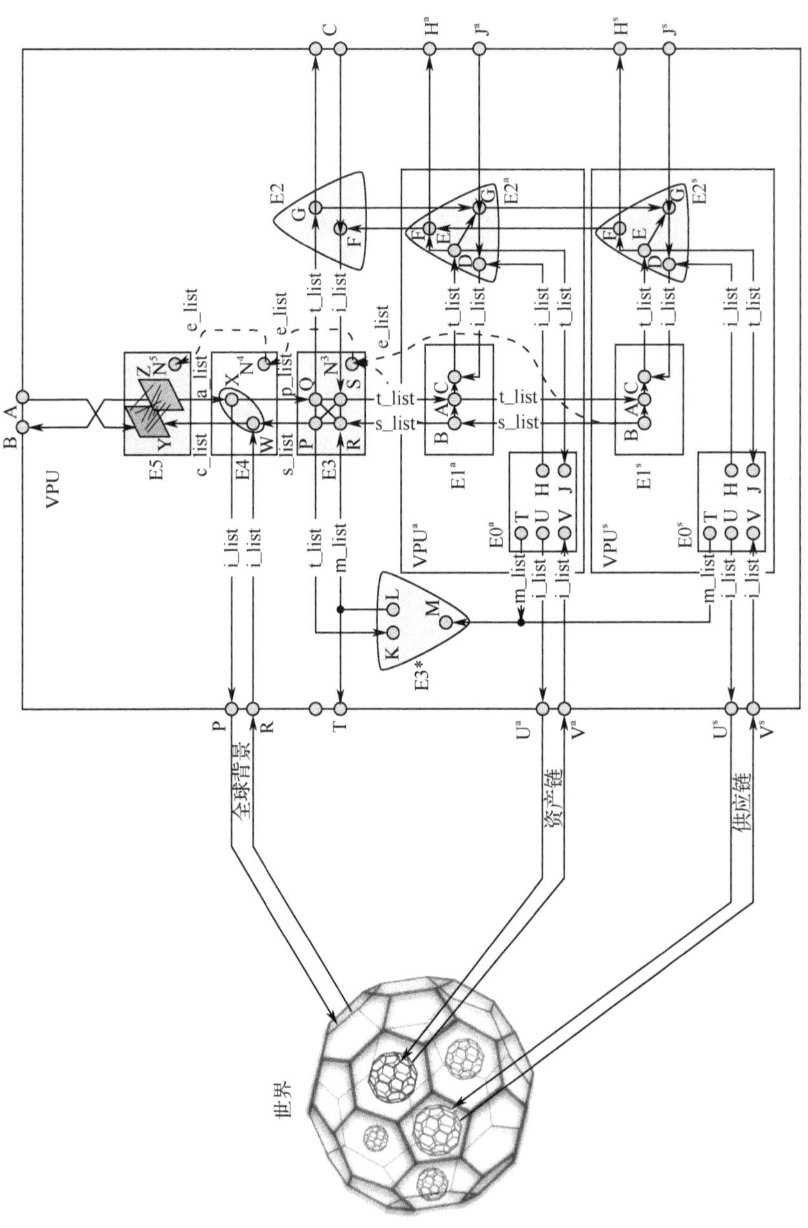

图 92 EC2 控制器细节

VPU 分析模型

附录 B 的目的是介绍一种分析方法，用于描述一个组织（价值生产单元，VPU）在联邦系统情形内运行的行为。这在建模和仿真研究工作中很有用，可以作为 EC2 系统的一部分，支持此类系统的培训、设计和测试。我们还对阐明组织间接口的特性感兴趣，特别是涉及 EC2 消息的高效传输方面[①]。

B.1 VPU 结构模型

VPU 在三维"指挥与控制空间"（背景）中运行。它的行为是其接口规范的函数。有四个接口，每个接口支撑两个通道。

VPU 是一个或多个联邦的成员（域或利益共同体，COI）。在图 93 中，每个域由索引 "j" 进行标识，其中 $j=1$ 为 VPU 的"家"或"根"域。在每一个域内，一个 VPU 通过八个接口（"端口"）它与其相邻的 VPU 进行交互。

---

① 支持最大信息传输的最小阻抗接口。

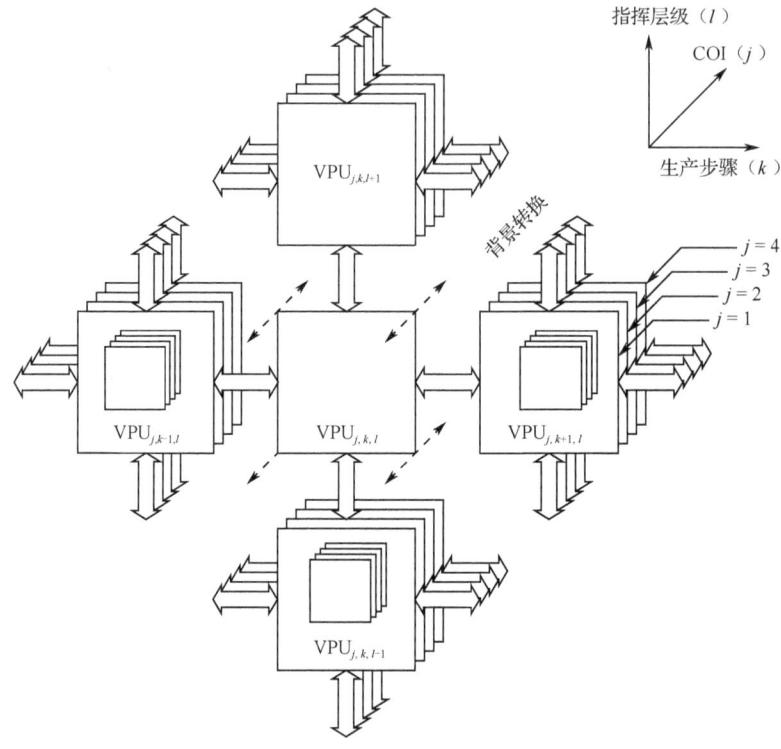

图 93　VPU 联邦运行背景

B.2　VPU 接口

VPU 通信接口如图 94 所示，$VPU_{j,k,l}$ 根据其定义的轴线呈现八个端口。有两个垂直的指挥（资产）轴接口和两个水平的生产（供应）轴接口。

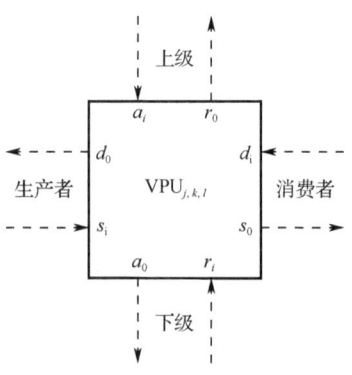

图 94　VPU 通信接口

垂直指挥轴接口包括：

$a_i^{i,j,k}(t)$：在时间 t 接收的资产（任务订单）；

$a_0^{i,j,k}(t)$：在时间 t 发出的资产（任务订单）；

$r_i^{j,k,l}(t)$：在时间 t 接收的资产回报（结果）；

$r_0^{j,k,l}(t)$：在时间 t 发出的资产回报（结果）。

水平生产轴接口包括：

$d_i^{j,k,l}(t)$：在时间 t 接收的需求（供应订单）；

$d_0^{j,k,l}(t)$：在时间 t 发出的需求（供应订单）；

$s_i^{j,k,l}(t)$：在时间 t 完成的供应订单；

$s_0^{j,k,l}(t)$：在时间 t 发出的供应订单。

下面的表达式定义了 VPU 及其邻居的"边界条件"：

$a_i^{j,k,l}(t) = a_0^{j,k,l+1}(t)$ ....公式 1

$d_i^{j,k,l}(t) = d_0^{j,k+1,l}(t)$ ....公式 2

$r_i^{j,k,l}(t) = r_0^{j,k,l-1}(t)$ ....公式 3

$s_i^{j,k,l}(t) = s_0^{j,k-1,l}(t)$ ....公式 4

因为每个 VPU 可以在每个接口上有一个或更多的邻居，这些表达式的右侧表示聚合流。聚合的输入（"扇入"）和输出（"扇出"）建议使用下面的符号，例如，在需求端口：

$d_i^{j,k,l}(t) = d_0^{j,k+1,l}(t) = \sum_n d_0^{j,k+1,l,n}(t)$ ....公式 5

其中"n"代表需求方邻居的数量，$d_0^{j,k+1,l}(t)$ 表示"n"个需求方的 VPU（参考图 94）总需求。类似的表达适用于输入 a_i、r_i 和 s_i。

B.3 VPU 传递函数

价值生产沿着指挥轴和生产轴同时发生。在我们调查沿每个轴过程的相互作用（相互依存）之前，我们来看看它们单独的传递函数，就好像它们是独立运作的。

B.3.1 指挥轴传递函数

指挥轴传递函数如图 95 所示，显示一个 VPU 的组件负责沿垂直指挥轴映射资产和资产回报。以输入 a_i 开始，资产被分割，一部分（$1-\beta$）投资于内部，另一部分（β）投资于下级能力。从这些投资产生的聚合回报（r_0）

在下一个步长（$t+\mathrm{d}t$）返回到上一级 VPU。同样，来自下属的投资回报也是分离的，一部分（$1-\gamma$）投资于下级能力，另一部分（γ）投资于内部，以增强上级投资的回报。

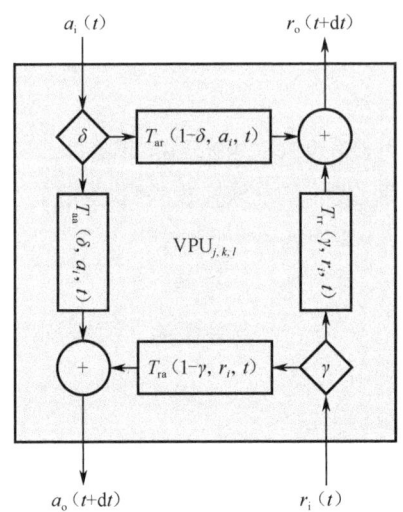

图 95　指挥轴传递函数

与指挥轴流相关联的传递函数如下：

$a_0^{j,k,l}(t+\mathrm{d}t) = T_{\mathrm{aa}}(\delta, a_i^{j,k,l+1}(t)) + T_{\mathrm{ra}}(1-\gamma, r_i^{j,k,l-1}(t))$ ....公式 6

$r_0^{j,k,l}(t+\mathrm{d}t) = T_{\mathrm{ar}}(1-\delta, a_i^{j,k,l+1}(t)) + T_{\mathrm{rr}}(\gamma, r_i^{j,k,l-1}(t))$ ....公式 7

公式 6 表明，发送给下属 VPU（$\text{VPU}_{j,k,l-1}$）的资产有两个来源。一部分来自直接应用到该 VPU（Γ_{aa}）的资产，另一部分来自以前投资（Γ_{ra}）衍生资产的再投资。以类似的方式，公式 7 说明了从上级 $\text{VPU}_{j,k,l+1}$ 接收的资产回报源自内部创造的价值（Γ_{ar}）和下级价值创建的回报（Γ_{rr}）。在这个模型中，参数 δ 和 γ 用于控制 VPU 的满足内部与外部投资回报的能力。

B.3.2　生产轴传递函数

生产轴传递函数如图 96 所示，显示了一个 VPU 的组件负责将需求沿水平生产轴映射到需求满足上。用于生产轴的传递函数可以采用完全类似的方式进行推导。

$d_0^{j,k,l}(t+\mathrm{d}t) = T_{\mathrm{dd}}(1-a, d_i^{j,k+1,l}(t)) + T_{\mathrm{sd}}(\beta, s_i^{j,k-1,l}(t))$ ....公式 8

$s_0^{j,k,l}(t+\mathrm{d}t) = T_{\mathrm{ds}}(a, d_i^{j,k+1,l}(t)) + T_{\mathrm{ss}}(1-\beta, s_i^{j,k-1,l}(t))$ ....公式 9

公式 8 说明了对供应商 VPU（$VPU_{j,k-1,l}$）的需求衍生自两个来源。一部分是从当前订单（Γ_{dd}）导出的需求，另一部分来自依赖于库存控制的需求（Γ_{sd}）。同样，公式 9 说明了这个 VPU 完成的订单，源自依赖未完成供应商订单（Γ_{ss}）的内部价值创造，以及基于当前能力（Γ_{ds}）完成的订单。在这个模型中，参数 α 和 β 用来控制 VPU 的相对能力，以满足其自身的（自给自足）价值生产水平。

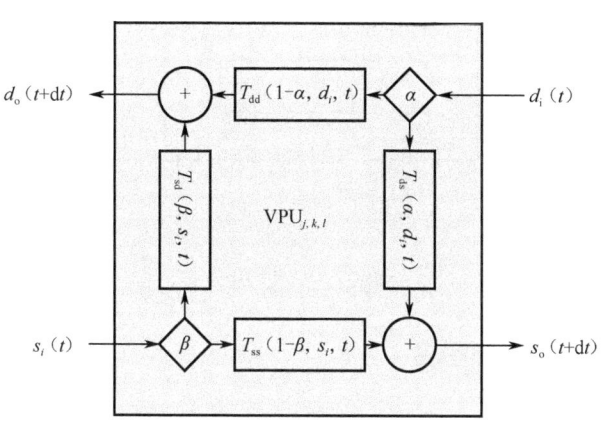

图 96　生产轴传递函数

图 97 所描绘的 VPU 组合视图提出了如下 VPU 指挥轴传递函数的矩阵表示。

$$\begin{pmatrix} a_0^{j,k,l}(t+d) \\ r_0^{j,k,l}(t+d) \end{pmatrix} = \Gamma_c \begin{pmatrix} a_i^{j,k,l}(t) \\ r_i^{j,k,l}(t) \end{pmatrix} \quad \cdots\cdots\cdots\cdots\cdots 公式 10$$

其中，

$$\Gamma_c = \begin{pmatrix} \Gamma_{aa}^{j,k,l} & \Gamma_{ra}^{j,k,l} \\ \Gamma_{ar}^{j,k,l} & \Gamma_{rr}^{j,k,l} \end{pmatrix} \quad \cdots\cdots\cdots\cdots\cdots 公式 11$$

同样地，对于生产轴的传递函数由下式给出：

$$\begin{pmatrix} d_0^{j,k,l}(t+d) \\ s_0^{j,k,l}(t+d) \end{pmatrix} = \Gamma_p \begin{pmatrix} d_i^{j,k,l}(t) \\ d_i^{j,k,l}(t) \end{pmatrix} \quad \cdots\cdots\cdots\cdots\cdots 公式 12$$

其中，

$$\Gamma_p = \begin{pmatrix} \Gamma_{dd}^{j,k,l} & \Gamma_{sd}^{j,k,l} \\ \Gamma_{ds}^{j,k,l} & \Gamma_{ss}^{j,k,l} \end{pmatrix} \quad \cdots\cdots\cdots\cdots\cdots 公式 13$$

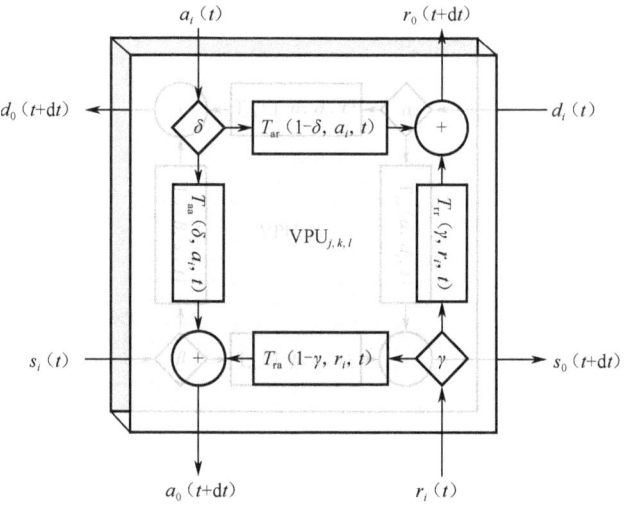

图 97　VPU 组合

B.4　控制处理服务

在图 97 中的 VPU 里面，有三个控制处理服务（CPS）阶段，分别为态势评估服务（SAS）、计划生成服务（PGS）和计划执行服务（PES），提供 VPU 端对端的指挥与控制处理服务。VPU 控制处理服务如图 98 所示，表示通过 CPS 的信息流。

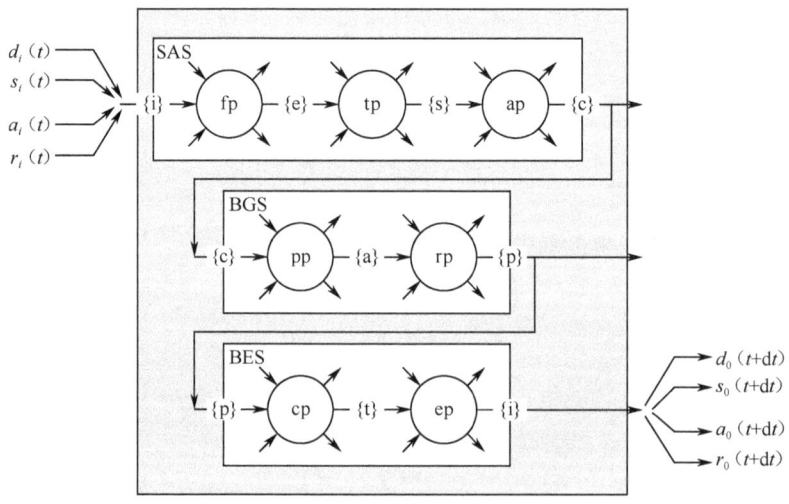

图 98　VPU 控制处理服务

附录 C

词汇表（缩略语）

ANMCC	备用国家军事指挥中心
AOR	责任区
Ap	分析过程（服务）
AQoS	应用服务质量
AssetMan	资产管理应用（资源管理者）
AWACS	空中预警和指挥系统
PES	行为（计划）执行服务
PGS	行为（计划）生成服务
C2	指挥与控制
CDB	命令数据库
CEO	首席执行官
CINC	总司令
CIO	首席信息官
CNO	海军作战指挥官
COA	行动方案
COCOM	作战指挥官
COI	利益共同体
CONOPS	作战概念（运行概念）
COO	首席运行官（XO）
COTS	商用现货供应（技术）
cp	指挥过程（服务）
CPS	控制处理服务

CTO	首席技术官
DHS	美国国土安全部
DOD	美国国防部
E0	层次0，受控过程
E1	层次1，过程主管
E2	层次2，过程规范者（调节者）
E3	层次3，VPU 运行执行（主管）
E3*	层次3*，VPU 运行审计
E4	层次4，VPU 计划-分析员（导航）
E5	层次5，VPU 指挥官
EBO	基于效果的作战
EC2	组织指挥与控制
ECS	组织指挥结构
EOS	组织操作系统
ep	执行过程（服务）
ERP	组织资源规划
FDB	过滤数据库
fp	过滤过程（服务）
GCCS	全球指挥与控制系统
GIG	全球信息栅格（DOD 内联网）
HDB	历史数据库
HIPAA	医疗信息便携性和责任法案
ISR	情报、监视和侦察
JC2	联合指挥与控制系统
JCS	参谋长联席会议
JTF	联合特遣部队
KPI	关键性能指标
MDB	模型数据库
ModMan	模型管理应用（模型管理者）
MTTF	平均失效到达时间
MTTR	平均修复时间
NCA	国家指挥当局

NCES	网络中心组织服务
NCID	网络中心执行文档
NCO	网络中心战
NMCC	国家军事指挥与控制
NMCS	国家军事指挥系统
NOC	网络运行中心
NORAD	北美航空防务
OpMan	作战管理应用程序（服务）
PDB	策略数据库
PID	计划标识
PlanMan	计划管理应用程序（服务）
PMS	性能度量服务
POA	行动计划
POR	记录计划
POTUS	美国总统
pp	策略过程（服务）
PTUF	计划时间效用函数
PUC	过程得到控制
QoS	服务质量
RDB	资源（资产）数据库
RuleMan	策略（规则）管理应用程序（服务）
SACCS	战略空军指挥与控制系统
SAGE	半自动地面环境
SAS	态势评估服务
SDB	想定数据库
SECDEF	美国国防部部长
SEW	系统工程工作台
SuperMan	高级（指挥）管理应用程序（服务）
TEC2	组织指挥与控制理论
TO	任务命令（POR 元素）
tp	分流过程（服务）
TPPU	任务、发布、处理和使用

TTUF	任务时间效用函数
TUF	时间效用函数
UA	应计效用
UCS	统一指挥结构
UI	用户界面
USCENTCOM	美国中央司令部（AOR）
USEUCCOM	美国欧洲司令部（AOR）
USJFCOM	美国联合部队司令部
USNORTHRCOM	美国北方司令部（AOR）
USPACOM	美国太平洋司令部（AOR）
USSOCOM	美国特种作战司令部
USSOUTHCOM	美国南方司令部（AOR）
USSTRATCOM	美国战略司令部
USTRANSCOM	美国运输司令部（后勤）
VPU	价值生成单元
WWMMCS	全球军事指挥与控制系统
XDB	模式数据库
XO	行政执行官（E3）